„Der große Sommer" von Ewald Arenz

Bei der Erarbeitung einer Lektüre ist es wichtig, dass du das Lesen im Voraus gut planst. In der Prüfung ist die Lektüre die Grundlage für **Aufgaben zum Leseverstehen** und eine kürzere **Schreibaufgabe**. Deshalb musst du den **Inhalt des Buchs**, also **die Figuren** und **die Handlung**, sehr genau kennen. Dies kannst du sicherstellen, indem du schon vor dem Lesen einige Punkte beachtest und auch währenddessen bzw. nach der Lektüre verschiedene Strategien anwendest.

Vor dem Lesen

- Lies den **Klappentext** des Buchs.
- Setze dich mit **einzelnen Zitaten** aus dem Buch auseinander, um dich mit der Sprache und der Art des Schreibens vertraut zu machen (→ siehe Zitaten-Teppich, S. 5–7).
- Finde heraus, welche **Themen** im Buch behandelt werden.
- Bringe in Erfahrung, wer die **Hauptfiguren** sind, und überlege dir, welche Informationen du im Verlauf der Lektüre zu ihnen sammeln willst (z. B. mithilfe der Vorlage für Steckbriefe, siehe S. 9).
- Lies die Buchbesprechung auf Seite 3 und verschaffe dir einen ersten Überblick über die Handlung.

Während des Lesens

- Markiere **wichtige Textstellen** im Buch und mache dir **Randnotizen** zu wichtigen Inhalten.
- Trage Informationen zu den Hauptfiguren in die **Steckbriefe** ein (S. 9).
- Frage nach, wenn du **Wörter** oder Textpassagen **nicht verstehst**.

Nach einzelnen Abschnitten

- Bearbeite die Aufgaben zu den **einzelnen Kapiteln**.
- Bearbeite die **Schreibaufgabe**, die dir am Ende einer Lese-Etappe angeboten wird. Wähle dazu den für dich passenden **Schwierigkeitsgrad** aus.
- Hinweise zu den Merkmalen der geforderten **Textsorten** bei den Schreibaufgaben findest du auf Seite 60 im Arbeitsheft.
- **Kontrolliere** immer gründlich, ob du alle Aufgaben bearbeitet und den Inhalt des jeweiligen Abschnitts verstanden hast.

Wenn du das ganze Buch gelesen hast

- Überprüfe, ob du noch genau weißt, **was nacheinander passiert**.
- Stelle sicher, dass du alle wichtigen **Informationen zu den Figuren** kennst.
- Prüfe, ob du die **Figuren und ihr Verhalten** erklären kannst.
- Finde heraus, ob du die **Beziehungen der Figuren zueinander** beschreiben kannst.
- Mache dir nochmals klar, welche **Textsorten** bei der Schreibaufgabe von dir verlangt werden könnten (z. B. Brief, Tagebucheintrag, innerer Monolog), und wiederhole ihre Merkmale (S. 60).
- Bearbeite die für dich passenden **Aufgaben im Stil der Abschlussprüfung** ganz am Ende des Arbeitshefts.

A Vor dem Lesen: Vorwissen aktivieren und aufbauen

Der Klappentext

Die Zeichen auf einen entspannten Sommer stehen schlecht für Frieder: Nachprüfungen in Mathe und Latein. Damit fällt der Familienurlaub für ihn aus. Ausgerechnet beim gestrengen Großvater muss er lernen. Doch zum Glück gibt es Alma, Johann – und Beate, das Mädchen im flaschengrünen Badeanzug. Frieder begegnet alles in dieser Zeit: die Liebe und der Tod, Freundschaft und Angst, Respekt und Vertrauen. Ein großer Sommer, der sein ganzes Leben prägen wird.

Quelle: Ewald Arenz: Der große Sommer. DuMont Buchverlag 2021, Köln.

1 a Lies den Klappentext gründlich und achte auf Details über die Hauptfiguren. Unterstreiche diese im Text.

b Erstelle nun eine Liste mit ersten Informationen, die im Klappentext enthalten sind. Notiere sie stichwortartig.

Hauptfigur: ____________________

Weitere Figuren: ____________________

Jahreszeit, in der die Handlung spielt: ____________________

Grund für den ausgefallenen Familienurlaub: ____________________

____

Ort, an dem Frieder lernen muss: ____________________

Themen, die im Roman vorkommen: ____________________

____

Buchbesprechung

a Lies die Buchbesprechung und markiere wichtige Inhalte. Du kannst dir den Text auch auf folgender Internetseite anhören: *https://br.de/s/529SReL*

Ewald Arenz: Der große Sommer

„Der große Sommer" vom Fürther Autor Ewald Arenz hat in wenigen Wochen die Spiegel-Bestsellerliste erobert. In der Coming-of-Age-Geschichte erlebt der junge Frieder in einem Sommer alles, was sein Leben prägen wird: Freundschaft und Angst, Liebe und Tod.

Der 1965 in Nürnberg geborene und im Landkreis Fürth lebende Ewald Arenz ist derzeit der erfolgreichste fränkische Autor. Sein letzter Roman „Alte Sorten" stand im vergangenen Jahr viele Wochen lang auf der Spiegel-Bestsellerliste. Und auch sein neuer, erst vor drei Wochen erschienener Roman „Der große Sommer" ist schon jetzt ein großer Verkaufserfolg.

Frieder ist sechzehn und so sehr mit anderen Dingen beschäftigt, dass er keine Zeit hat fürs Lernen. Das rächt sich. Er droht zum zweiten Mal sitzen zu bleiben und von der Schule zu fliegen. Deshalb fällt sein Urlaub dieses Jahr aus. Während die Eltern und vier seiner Geschwister an die See reisen, muss Frieder die kompletten Sommerferien bei seinen Großeltern verbringen und für die Nachprüfungen lernen. [...]

Der Großvater ist Professor für Bakteriologie und so streng und unnahbar, dass Frieder ihn bis zu seinem zehnten Lebensjahr siezen musste. Doch entpuppt er sich im Laufe der Ferien als zunehmend sympathische Figur, so der Autor Ewald Arenz. [...]

Für Frieder wird es ein in jeder Hinsicht großer Sommer – im Guten, wie im Schlechten. Er verbringt ihn nicht nur lernend, sondern auch gemeinsam mit seinem besten Freund Johann, seiner ein Jahr jüngeren Lieblingsschwester Alma und mit Beate, die er im Schwimmbad auf dem Sprungturm kennenlernt. Dieser vielschichtige Coming-of-Age-Roman[1] erzählt packend von der ersten großen Liebe, aber auch von Krankheit und Tod. [...]

Natürlich ist Frieder nicht mit Ewald Arenz gleichzusetzen. Aber er und auch andere Figuren des Romans profitieren von den Erfahrungen und Erlebnissen des Autors. Was in „Der große Sommer" und auch in Ewald Arenz' letztem Roman „Alte Sorten" auffällt, ist seine große Empathie für Jugendliche. Das hat weniger mit Arenz' Arbeit als Lehrer oder dem Beobachten seiner eigenen Kinder zu tun, sagt er, sondern mit den Erfahrungen in seiner eigenen Jugendzeit. Diesen fühlt sich der Autor mit zunehmendem Alter immer näher. [...]

Pures Lesevergnügen für den Sommer

So wie immer wieder aufs Neue Liebesromane und Familienromane erzählt werden, wird es auch weiterhin Romane über das Erwachsenwerden geben. „Der große Sommer" von Ewald Arenz ist einer der wirklich guten dieses Genres. Spannend und poetisch erzählt, mit anschaulichen Charakteren, voller Einfühlungsvermögen, ohne anbiedernd zu sein, humorvoll, anrührend, sinnlich, unterhaltsam und nachdenklich machend. Pures Lesevergnügen für einen langen Schwimmbadsommer.

Quelle: Dirk Kruse: Ewald Arenz – Der große Sommer. BR vom 20. 04. 2021. Im Internet unter: https://br.de/s/528Rfuc (leicht verändert)

Anmerkung

1 Coming-of-Age-Roman: Roman über das Erwachsenwerden

b Löse das Kreuzworträtsel mithilfe der Informationen aus der Buchbesprechung.

1. Wo verbringt Frieder seine Sommerferien?
2. Wofür muss Frieder in den Ferien lernen?
3. Welchen Beruf übt Frieders Großvater aus? → *??? für Bakteriologie*
4. Was muss Frieder bis zu seinem zehnten Lebensjahr tun? → *seinen Großvater ???*
5. Wie heißt Frieders bester Freund?
6. Wer ist Alma? → *Frieders ein Jahr jüngere ???*
7. Wo lernt Frieder Beate kennen? → *im ??? auf dem Sprungturm*
8. Welche Themen werden im Roman angesprochen? → *erste große ???, Krankheit, Tod*
9. Welchen Beruf übt der Autor Ewald Arenz aus?
10. Welche Erfahrungen lässt der Autor in den Roman einfließen? → Erfahrungen aus seiner eigenen ???

Lösungswort:

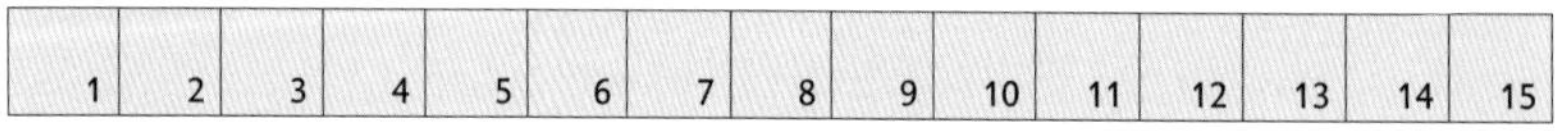

1	2	3	4	5	6	7	8	9	10	11	12	13	14	15

rerheL • rosseforP • retsewhcS • dabmmiwhcS • nretleßorG • nezeis • ebeiL • tiezdneguJ • nnahoJ • gnufürphcaN

Vermutungen zu Zitaten aus dem Buch

a Lies das Zitat langsam und gründlich durch. Welche spontanen Gedanken hast du dazu? Welche Fragen wirft das Zitat auf? Notiere deine Gedanken und Fragen zum Zitat in den Gedankenblasen.

„Da kommen sie alle, so jung, wie wir es damals waren: Alma. Johann. Beate. Und Nana. Immer wieder denke ich an den Sommer, aus dem für mich alles hervorgegangen ist: mein Leben, wie es heute ist. […] An solchen Tagen gehe ich auf den Friedhof und suche das Grab."
(S. 40)

b Sprecht nun in der Gruppe über eure Gedanken und Ideen zum Zitat.

4 Auf den Seiten 6 und 7 findest du 30 **Zitate** aus dem Drama. Die folgende Aufgabe ist als Gruppenarbeit konzipiert, du kannst sie aber auch allein bearbeiten, indem du dir eines oder mehrere der Zitate vornimmst und jeweils Schritt 2 ausführst.
Nachdem sich jeder von euch mit einem Zitat beschäftigt hat, könnt ihr die Zitate als „Zitaten-Teppich" präsentieren. Geht dazu folgendermaßen vor:

① Teilt die Zitate unter euch auf, sodass **jeder** aus der Klasse **ein Zitat** bekommt (es können je nach Schülerzahl auch Zitate übrig bleiben).

② Lies das Zitat, das dir zugeteilt wurde, gründlich durch. **Überlege** z. B.:
- Welche Informationen zur Handlung erhältst du bereits durch diese wenigen Worte/Sätze?
- Werden Personen oder Handlungsorte genannt? Welche Hinweise bekommen die Leser*innen dazu?
- Welche Fragen kann man sich stellen?

→ Schreibe auf, welche Informationen zur Handlung allein aus deinem Zitat ablesbar sind.

③ Bildet **Gruppen** zu drei Personen. Lest euch eure Zitate der Reihe nach laut vor und berichtet den anderen, was man aus euren Zitaten erfahren kann.

(4) Verteilt euch im Klassenzimmer. Geht langsam umher und lest dabei den **fett gedruckten Teil eures Zitats** leise vor, sprecht ihn vor euch hin.

- Übt den Text so lange, bis ihr ihn gut vorlesen könnt. Achtet auch darauf, dass beim Vorlesen klar wird, welche Figur gerade spricht.
- Bleibt stehen, wenn eure Lehrerin oder euer Lehrer „Stopp“ sagt oder ein Signal ertönt.
- Eure Lehrkraft sagt nun die Nummer des Zitats, das als Nächstes an der Reihe ist. Die Person, die dieses Zitat hat, liest den fett gedruckten Teil des Zitats der ganzen Klasse vor.

(5) Besprecht, wie die Zitate in der **Gesamtheit** („Zitaten-Teppich“) auf euch gewirkt haben.

Zitate aus „Der große Sommer“

1 Wenn es tatsächlich einer von uns vieren nach Rio de Janeiro schaffen sollte, dann war das Johann. (S. 5)

2 „Komm wir schreiben die längste Zahl der Welt.“ Es war eine unglaublich schwachsinnige Angelegenheit, aber auch irgendwie cool. **Jeder von uns schrieb immer zehn Zeilen voll.** [...] **Sie hatte Tausende von Nullen und war fast ein ganzes Schuljahr lang.** (S. 5/6)

3 Ich war nicht gut in Mathe, aber den Schnitt konnte ich gerade noch ausrechnen. Mathe: Fünf. Latein: Fünf. So viel dazu. (S. 8)

4 Ich ging manchmal gern ins Freibad, wenn es regnete. Man hatte alles für sich. Das ganze Bad. (S. 11)

5 Siebeneinhalb heute. Das war eine Art Wette mit mir selbst. **In diesem Sommer wollte ich es bis zum Sprung vom Zehner schaffen.** (S. 12)

6 Ich hatte immer Angst vor großen Hunden gehabt, bis mich beim Zeitungsaustragen **einer biss. Von da an war die Angst weg. Vielleicht, weil etwas, wenn es Wirklichkeit wurde, nie so schlimm war, wie man es sich vorgestellt hatte.** (S. 12)

7 Sie war ungefähr so alt wie ich. Flaschengrüner Badeanzug. Dunkle Haare. Und hübsch. Extrem hübsch. (S. 13)

8 Sie drehte sich wieder um, rannte los und sprang. Scheiße, dachte **ich** und **rannte auch, fiel unkontrolliert** durch die leere Luft **und knallte mit der Seite** so **aufs Wasser**, dass mir der Atem wegblieb. (S. 14)

9 Unsere Wohnung war zu klein. Sechs Kinder. Zwei Hunde. Und zwei Katzen. [...] **Es war wunderbar, wenn man in dem Moment Teil eines bunten, lauten Ganzen sein wollte. Es war furchtbar, wenn man gerade ein einzelner Mensch sein wollte.** (S. 16)

10 Ich hatte einen Plattenspieler aus orangefarbenem Plastik mit einer lausigen Box [...]. **Johann hatte einen Verstärker und irgendwelche Speziallautsprecher. Sein Plattenspieler** war schwer und aus silbergrauem Metall und **sah richtig teuer aus.** (S. 17)

11 Die ganzen Sommerferien bei meinem Großvater. Ausgerechnet. Ich meine, **ich liebte meine Großmutter.** Nana. Ich fand sie unglaublich. **Aber vor meinem Großvater hatte ich**, ehrlich gesagt, **einfach Angst.** (S. 18/19)

12 Sechs Wochen bei dem Mann, den ich siezen musste, bis ich zehn war. Herr Professor. **Der Stiefvater meiner Mutter, vor dem in der Familie alle Angst hatten.** Außer ihr vielleicht. (S. 19)

13 Ich falle durch, und es ist im Prinzip völlig egal, ob ich in Ihrem Unterricht rede oder nicht. Ich habe keine Ahnung, warum ich überhaupt noch hier bin. **Ich habe ein Mädchen mit einem superhäufigen Familiennamen kennengelernt und war zu doof zu fragen, wo sie wohnt.** (S. 22)

14 Alma war ein Jahr jünger als ich und eine Klasse über mir. In der fünften Klasse hatte ich schon einmal wiederholt und wir beide waren bis letztes Jahr zusammen gewesen. **Ich vermisste sie** in den Stunden. **Nicht nur, weil sie so viel schlauer war. Alma war cool.** (S. 27)

15 Alle dachten immer, ich würde Drogen nehmen, nur weil ich lange Haare hatte. Oder dass ich irgendwie freaky wäre, bloß weil ich gerne Schwarz trug. (S. 32)

16 Der Schuss knallte und wir rannten los. Im Laufen entrollte sich das Banner, spannte sich wie ein Segel zwischen uns und bremste unglaublich, aber wir gaben trotzdem alles.
„Sport ist Mord." (S. 36)

17 Johann war gut gelaunt, trotz des Verweises. Vielleicht aber gerade deswegen. **Irgendwie kriegte er es nie ab, wenn wir was zusammen anstellten.** Es traf immer mich. **Manchmal nervte ihn das. Er wollte nicht, dass die Lehrer ihn für einen Spießer hielten.** (S. 38)

18 ***Vielleicht können andere auch sagen, wo ihr Leben begonnen hat. Den Tag nennen, an dem sie erwachsen geworden sind. Den Monat, der sie für immer verändert hat.*** (S. 40)

19 ***Wenn ich auf einem Friedhof bin,*** *das war schon immer so,* ***stelle ich mir vor, wie mein Grabstein aussähe. Friedrich Büchner. Geboren 1965.*** *Gestorben … ja, wann?* (S. 41)

20 Und dann sah ich Beate in der Menge. Ich erkannte sie sofort. Sie stand in einer Gruppe von sieben, acht anderen Mädchen, unterhielt sich, lachte **und für einen Moment sah sie aus wie eines der Blätter der Silberpappeln: flirrend und schön.** (S. 53)

21 „Vielleicht sehen wir uns ja mal." Vielleicht hatte sie das nur gesagt, wie man so was eben sagt. Um das Gespräch zu beenden. Vielleicht hatte sie es aber auch so gemeint. (S. 54)

22 Meine Mutter hatte kein Problem damit, einen einfach an sich zu reißen und zu umarmen oder womöglich sogar zu küssen. Mein Vater wirkte immer so, als hätte er keine Ahnung, wie das ging. (S. 57)

23 Ich mochte meinen Vater. Er war super, wenn ich meine Freunde mit meiner skurrilen Familie beeindrucken wollte. **Ganz anders als meine Mutter erlaubte er praktisch alles. Nur dass er das meistens nicht zu entscheiden hatte. Und er war richtig klug. Aber ich hoffte echt, dass ich nicht so werden würde wie er.** (S. 57)

24 „Komm rein. Walther wartet schon auf dich."
„Ich bin doch pünktlich, oder?" […]
„Natürlich. **Er freut sich schon auf dich."**
Klar. Der Großvater freute sich auf mich. Wie ein Löwe sich auf eine Antilope freut. (S. 60/61)

25 „Du kannst deine Sachen nach oben bringen. **An den Vormittagen lernst du von acht bis zwölf. Danach hast du frei." So war er. Kein langes Gerede, einfach eine Ansage und das war's.** (S. 61)

26 Meine Mutter „Reginchen" nennen konnte auch nur Nana. Es war ein bisschen, als würde man einen geländegängigen Feldpanzer als „Wägelchen" bezeichnen. Aber so war sie: als ob sie die Welt nett machen könnte, indem sie ihr andere Namen gab. (S. 63)

27 Zum ersten Mal wurde mir richtig bewusst, dass meine Großeltern nicht in einem Bett schliefen. Gut, meine Eltern auch nicht, aber das lag daran, dass mein Vater nachts meist bis vier Uhr wach war und dann oft bis elf schlief. (S. 63)

28 Nana hatte Mama mit achtzehn gekriegt, meine Mutter mich mit dreiundzwanzig. Das fand ich gar nicht so jung, aber zum Kinderkriegen war es das wahrscheinlich schon. **Ich mochte es jedenfalls, dass meine Mutter und meine Großmutter so jung aussahen.** (S. 64)

29 „Vor allem habe ich mich dann in Walther verliebt. In unserer Familie, Frieder, ist Liebe immer beides zugleich. Das größte Glück und die größte Katastrophe." (S. 65)

30 „Du hast mir … Scheiße, **du hast mir Lebkuchen mitgebracht?"**
Sie schrie es fast vor Lachen. Ich grinste, ein bisschen verlegen.
„Na ja, da ist doch diese kleine Fabrik … **Eigentlich habe ich sie geklaut."** (S. 71)

B Während des Lesens: Personen beschreiben, Themen verstehen

Beim Lesen des Buchs solltest du dir **Notizen** zum Inhalt und zu den einzelnen Figuren machen. Die spätere Arbeit fällt dir dadurch ganz bestimmt leichter.
Bearbeite die folgenden Aufgaben möglichst während des Lesens des Romans, also **Stück für Stück**.

5 Lege zu den Figuren des Romans **Steckbriefe/Figurenplakate** bzw. Informationsspeicher an. Diese Informationen könnte man z. B. herausfinden und notieren:

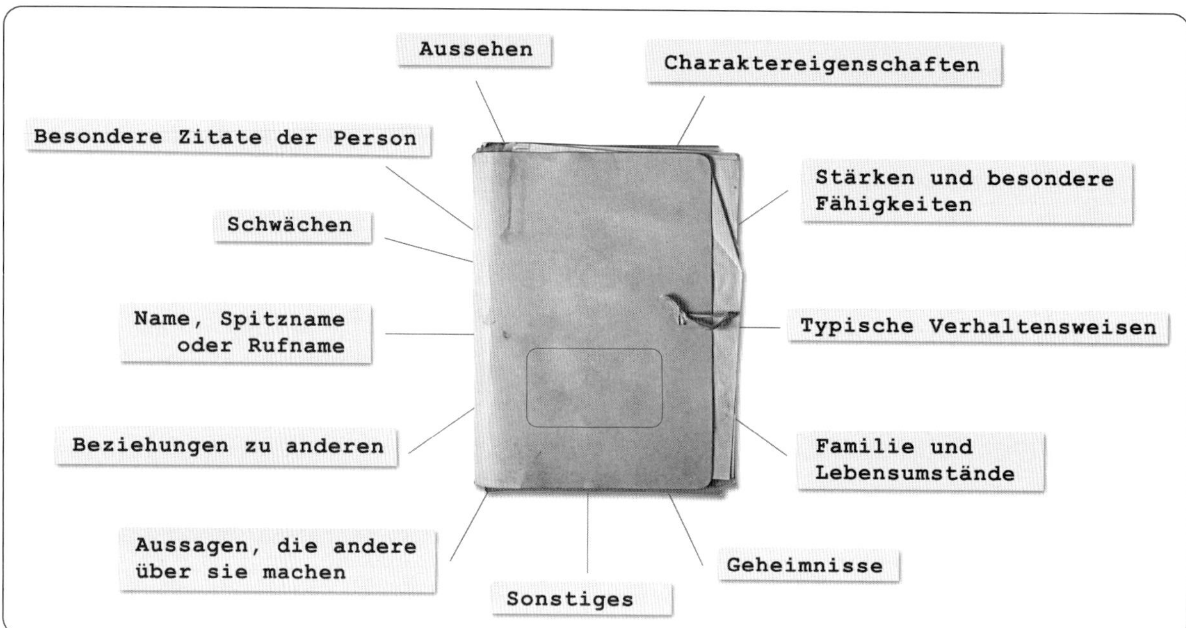

Eine Vorlage für die Steckbriefe findest du auf der nachfolgenden Seite. Kopiere diese für die im Roman vorkommenden Personen, z. B. **Frieder, Johann, Alma, Beate, Nana und den Großvater**. Ergänze darin Informationen aus dem Buch.
Suche für die Steckbriefe auch nach passenden **Fotos** oder kopiere die **Zeichnungen der Figuren** im Arbeitsheft (z. B. S. 19, 32, 36, 64).

6 Achte beim Lesen auf **wiederkehrende Themen** und markiere **wichtige Textstellen**. Du kannst dabei für die unterschiedlichen Themen verschiedene Farben verwenden. So findest du wichtige Textstellen später leicht wieder. Achte z. B. auf diese Themen:

- **Charaktereigenschaften** einzelner Figuren (z. B. von Frieder, Beate, Johann, Alma, dem Großvater)
- Informationen über **Nanas und Walthers Vergangenheit**
- Anzeichen von Johanns **beginnender psychischer Krankheit**
- Hinweise auf **Johanns heimliche Verliebtheit in Alma**
- besondere Ereignisse, die aus den Ferien einen „**großen Sommer**“ machen (z. B. erste Male)
- **Anspielungen** auf die **Bedeutung des Friedhofs und des Grabs**

STECKBRIEF

Name: ______________________________

Spitzname: ______________________________

Alter: ______________________________

Aussehen: ______________________________

Familiensituation: ______________________________

____

____

____

Wohnort(e): ______________________________

____

Freunde/Bezugspersonen: ______________________________

____

____

Situation in der Schule oder im Beruf: ______________________________

____

____

____

Eigenschaften, Gefühlswelt und Vorlieben (z. B. was sie/ihn glücklich macht, wovor sie/er Angst hat, was sie/ihn beschäftigt oder traurig macht, Angewohnheiten): ______________________________

____

____

____

____

____

____

Veränderungen, die sie/er durchläuft: ______________________________

____

____

____

____

C Nach dem Lesen der einzelnen Kapitel: Inhalte wiederholen

Im Folgenden findest du Aufgaben, die sich auf die einzelnen **Kapitel** des Romans beziehen. Beim Lesen des Romans und Bearbeiten der Aufgaben solltest du auf Folgendes achten:

- Lies den Roman in den **Etappen**, die im Arbeitsheft vorgegeben sind.
- Bearbeite nach dem Lesen die **Aufgaben zum jeweiligen Kapitel**.
- Achte dabei auf die **in der Aufgabenstellung vorkommenden Operatoren**. Operatoren, die dir auch in der Prüfung begegnen können, sind **fett markiert** und werden noch einmal in einem **Tipp-Kasten** erklärt, wenn sie das erste Mal genannt werden.
- Überlege dir zu jedem Kapitel eine **aussagekräftige Überschrift** und schreibe sie ins Buch zur Kapitelnummer.

- Bearbeite am **Ende jeder Lese-Etappe** die **produktive Schreibaufgabe**.

- Je nach angestrebtem Schulabschluss unterscheiden sich die Anforderungen bei den Schreibaufgaben. Entscheide jeweils, welcher **Schwierigkeitsgrad** für dich passend ist.

info

Was sind Operatoren?

Operatoren sind „handlungsleitende Verben" und sollen deutlich machen, welche konkrete Handlung bei einer Aufgabenstellung von dir verlangt wird. Dadurch wird dir z. B. klar, ob eine stichwortartige Darstellung, eine ausführliche Textvariante oder ein schlichter Antwortsatz erwartet wird.

Folgende Operatoren solltest du z. B. kennen:

- **belegen:** Hier sollen z. B. zu bestimmten Aussagen Zitate (Belege, Beweise) im Text gefunden und genannt werden.
- **(be-)nennen:** Du sollst z. B. Begriffe, Gegenstände oder Sachverhalte aufzählen oder zuordnen.
- **beschreiben:** Hier müssen z. B. Personen, Situationen oder Sachverhalte in eigenen Worten dargestellt werden.
- **beurteilen/bewerten:** Hier sollst du zu einem Text, einem Sachverhalt oder einem Problem zu einem selbstständigen und begründeten Urteil gelangen.
- **darstellen/darlegen:** Hier sollen z. B. Zusammenhänge, Entwicklungen, Meinungen oder Probleme neutral wiedergegeben werden.
- **erklären:** Hier musst du Sachverhalte in einen Zusammenhang stellen und begründen oder zu Schlussfolgerungen kommen.
- **erläutern:** „Erläutern" entspricht eigentlich dem Operator „erklären", enthält darüber hinaus aber noch den Aspekt, dass die Ergebnisse durch Zusatzinformationen und Beispiele veranschaulicht werden sollen.
- **skizzieren:** Du sollst z. B. eine Person, eine Handlung, einen Entwicklungsprozess oder einen Sachverhalt in groben Zügen darstellen.
- **Stellung nehmen:** Hier geht es darum, nach kritischer Prüfung und Abwägung eine Einschätzung zu einer Problemstellung, zu einem Sachverhalt oder eine Wertung zu formulieren.
- **vergleichen:** Du sollst Texte, Figuren, Sachverhalte oder Problemstellungen unter vorgegebenen oder selbst gewählten Aspekten einander gegenüberstellen und Gemeinsamkeiten sowie Unterschiede feststellen.
- **wiedergeben:** Du hast die Aufgabe, Informationen aus einem vorliegenden Text zusammenfassend in eigenen Worten zu präsentieren.
- **zeigen/aufzeigen:** Von dir wird erwartet, dass du z. B. Zusammenhänge, Entwicklungen oder Probleme unter einer bestimmten Fragestellung wiedergibst.
- **zusammenfassen:** Du sollst du z. B. Inhalte und Zusammenhänge von Texten auf das Wesentliche beschränkt wiedergeben.

Achtung! Werden die **Operatoren in zu geringem Maße oder gar nicht berücksichtigt**, wird die **Hälfte der erzielbaren Punkte je Aufgabe abgezogen.** ■

Lese-Etappe 1: Kapitel 1–9

Kapitel 1 (S. 5–9)

7 a Formuliere entweder die fehlende Antwort oder Frage.

Was?
Welche?
Wohin?
Warum?

1 Frage: ______________________

____

Antwort: Johann und der Ich-Erzähler wollen gemeinsam die längste Zahl der Welt aufschreiben. Dazu schreiben sie während des Unterrichts in ein Heft jeweils immer zehn Zeilen mit Nullen voll. Immer drei Nullen, dann ein kleiner Abstand und dann folgen wieder drei Nullen usw. Das machen sie schon fast ein ganzes Schuljahr lang, sodass die Zahl mittlerweile riesig ist.

2 Frage: Wer ist „Zippo“ und warum passt der Name laut Ich-Erzähler nicht zu ihm?

Antwort: ______________________

____

____

____

____

3 Frage: Warum ist es ein so großes Problem, dass der Ich-Erzähler eine Sechs in der Lateinschulaufgabe hat?

Antwort: ______________________

____

____

____

____

4 Frage: ______________________

____

Antwort: Frustriert faltet der Ich-Erzähler seine Lateinschulaufgabe zu einem Papierflieger und wirft ihn aus dem geöffneten Klassenzimmerfenster.

b Lies anschließend die Frage und die jeweilige Antwort im Wechsel mit einer Arbeitspartnerin oder einem Arbeitspartner.

Kapitel 2 (S. 10–15)

8 Das Kapitel beginnt mit einem kursiv (= schräg) geschriebenen Text, der mehr Fragen aufwirft, als sie zu beantworten.

Stelle gemeinsam mit einer Arbeitspartnerin oder einem Arbeitspartner Vermutungen zu folgenden Fragen an.

Wer könnte der Ich-Erzähler sein?

Wessen Grab könnte der Ich-Erzähler suchen?

Warum geht der Ich-Erzähler immer wieder zu diesem Grab? Warum gerade im Herbst?

„Vielleicht ist es dieses eine Jahr, das wir damals hatten." (S. 11) Wer könnte mit „wir" gemeint sein?

Von welchen „ersten Male[n]" (S. 11) könnte die Rede sein?

9 „‚Wir überlegen uns was', hatte er gesagt. Was komplett ungefährlich war. Mein Vater überlegte sich immer was, aber ganz sicher niemals was zu praktischen Dingen. Ich meine, er bekam von meiner Mutter Taschengeld! […] Wenn Mama sich was überlegen sollte, dann hätte ich ein Problem." (S. 11)

Aus der Textstelle lassen sich einige Informationen über die Eltern des Ich-Erzählers ableiten. Kreuze an, welche das sind.

- ☐ Sein Vater ist offenbar nicht sehr praktisch veranlagt.
- ☐ Der Ich-Erzähler hat ein schlechtes Verhältnis zum Vater.
- ☐ Der Vater bekommt von seiner Ehefrau Taschengeld.
- ☐ Der Vater ist offensichtlich arbeitslos.
- ☐ Seine Mutter scheint in der Familie das Sagen zu haben.
- ☐ Die Mutter ist wohl keine sehr herzliche Frau.

10 „Siebeneinhalb heute." (S. 12)
„Es ging nicht. Ich konnte mich nicht mal an den Rand stellen." (S. 13)

Tipp

Beim Operator **„zusammenfassen"** sollst du z. B. Inhalte und Zusammenhänge von Texten auf das Wesentliche beschränkt wiedergeben. ■

Der Ich-Erzähler ist an einem regnerischen Tag im Freibad. Er hat sich vorgenommen, in diesem Sommer vom 10-Meter-Turm zu springen, und will heute zum ersten Mal den Sprung vom 7,5-Meter-Turm wagen. Als er auf dem Sprungturm steht, ist seine Angst aber zu groß.

Fasse zusammen, wie es dazu kommt, dass der Ich-Erzähler schließlich doch springt. Fülle dazu die Lücken mithilfe des Wortspeichers richtig aus.

feige • gemeinsam • Fünfer • ängstlich • Siebeneinhalber •
Ich-Erzähler • erste Mal • springt • Mädchen

Während der Ich-Erzähler noch ______________ auf dem ______________ steht, taucht hinter ihm ein etwa gleichaltriges ______________ auf. Sie bietet ihm an, ______________ mit ihm zu springen, da es auch für sie das ______________ ist. Zuerst trauen sie sich nicht und entschließen sich, stattdessen zum ______________ hinunterzuklettern. Doch dann entscheidet sich das Mädchen plötzlich um und ______________ doch vom 7,5-Meter-Turm. Dem ______________ bleibt nichts anderes übrig, als es ihr gleichzutun, wenn er nicht ______________ wirken will. Also springt auch er.

1 **Nenne** mindestens fünf Informationen, die man über das Mädchen im Schwimmbad erhält.

Tipp

Beim Operator „**(be-)nennen**" sollst du z. B. Begriffe, Gegenstände oder Sachverhalte aufzählen oder zuordnen. ■

2 Die meisten produktiven Schreibaufgaben setzen an einer bestimmten Textstelle im Buch an, die dir vorgegeben ist. Der von dir verfasste Text soll sich dann theoretisch an geeigneter Stelle in den Roman einfügen lassen. Du sollst z. B. die Gedanken einer Person aufschreiben, die im Text zwar nicht vorkommen, aber naheliegend sind.

So könnte z. B. eine Aufgabenstellung zu einer Schreibaufgabe lauten:

„Ich hatte tatsächlich Angst, aber jetzt mehr, dass sie sich womöglich elegant vom Turm werfen würde, Kopfsprung oder Schraube oder so, und ich immer noch da oben stünde wie … wie irgendwas." (S. 13)

Während Friedrich mit Beate auf dem Sprungturm steht, gehen ihm zahlreiche Gedanken durch den Kopf. Schreibe Friedrichs inneren Monolog (mindestens 150 Wörter).

Bei dieser Aufgabe sollst du in Form eines **inneren Monologs** (vgl. S. 60) aufschreiben, was Friedrich, der Ich-Erzähler, an der genannten Stelle denken könnte. Dazu solltest du dir die Textstelle zuerst noch einmal gründlich durchlesen und zudem darauf achten, was unmittelbar davor und danach passiert.

Folgende Inhalte wären für den inneren Monolog naheliegend:

1 Friedrich mustert Beate und findet sie extrem hübsch.
2 Er hat Angst vor der Höhe und vor dem Sprung vom Turm.
3 Er ist erleichtert, dass auch sie Angst hat und lieber vom Fünfer springen will.
4 Er möchte sich vor dem Mädchen nicht blamieren und als feige gelten.
5 Friedrich ist beeindruckt von Beates Mut, als sie trotz ihrer Angst springt.

a Lies folgenden Textvorschlag, damit du dir besser vorstellen kannst, wie so ein innerer Monolog gestaltet sein könnte.

Wow! Das ist vielleicht scheißhoch! Durch das klare Wasser wirkt alles sogar noch höher. Nicht nur dritter Stock, sondern gleich sechster! Der letzte Meter bis zum Rand geht einfach nicht. Keine Chance. Kein Schritt! Meine Knie sind jetzt schon Wackelpudding. Aber ich muss mich zusammenreißen! Dieses umwerfende Mädchen im flaschengrünen Badeanzug will mit mir gemeinsam springen. Wie peinlich, wenn sie sich elegant vom Turm schraubt und ich Feigling noch oben stehe. Ob sie mich schon lange beobachtet hat? Ob sie gesehen hat, was für ein Schisser ich bin? Ich kann mich hier im Bad nie wieder blicken lassen ... Sie sieht so unglaublich gut aus. Die dunklen Haare, der grüne Badeanzug, der perfekt zu ihrer Augenfarbe passt... Ich kann gar nicht aufhören, sie anzustarren. Sie muss mich für einen Feigling und einen Idioten halten. Wenigstens ist sie auch noch nie vom Siebeneinhalber gesprungen ... Sie hat die gleiche Scheißangst wie ich ... Sie will auch lieber zum Fünfer runterklettern. Zum Glück! Vielleicht kann ich sie da sogar mit einem Rückwärtssalto beeindrucken? - Was?! Sie springt doch! Trotz ihrer Angst! Wie unglaublich mutig! Das kann ich jetzt nicht auf mir sitzen lassen. Ich springe auch!

(190 Wörter)

b Überlege, wo im Text die oben aufgelisteten Themen aufgegriffen wurden. Notiere die jeweilige Nummer an der entsprechenden Stelle des inneren Monologs.

Kapitel 3 (S. 16–19)

13 a Wer gehört alles zu Friedrichs Familie? Kreuze an.

☐ Friedrich	☐ Alma, die Schwester	☐ fünf Schwestern
☐ Friedrichs Eltern	☐ Kolja, der kleine Bruder	☐ Nana, die älteste Schwester
☐ ein weiteres Geschwisterkind	☐ Lucie, die kleinste Schwester	☐ ein weiterer Bruder
☐ zwei Hunde	☐ drei Wellensittiche	☐ zwei Katzen

b **Beschreibe** knapp mithilfe der Informationen aus der vorherigen Teilaufgabe und dem Kapitel Friedrichs Zuhause.

14 „Mama sagt, du musst trotzdem kommen. Sie will was mit dir besprechen." (S. 18)

Gib wieder, wie diese Besprechung abläuft und worum es darin geht. Setze die folgenden Teilsätze so zusammen, dass daraus ein passender Lösungstext zur Aufgabe entsteht. Achte auf die Beibehaltung der Satzzeichen.

Tipp

Beim Operator „**wiedergeben**" hast du die Aufgabe, Informationen aus einem vorliegenden Text zusammenfassend in eigenen Worten zu präsentieren. ■

dass er nicht mit in den Familienurlaub fahren darf,	Beim Abendessen erfährt Friedrich,	Obwohl Frieder seine Großmutter Nana sehr mag,	Er muss die Prüfung zwingend bestehen,
in der Wohnung zu bleiben,	die nicht in den Familienurlaub mitfährt,	da er die 9. Klasse nicht noch einmal wiederholen darf.	den er als Kind sogar siezen musste.
um dort für die Nachprüfung zu lernen.	sondern ein Praktikum macht,	da er Angst vor seinem Stiefgroßvater hat,	sondern die Sommerferien bei seinen Großeltern verbringen wird,
geht die Mutter nicht ein.	graut es ihm bei dieser Vorstellung,	mit seiner Schwester Alma,	Auf Frieders Alternativvorschlag,

Kapitel 4 (S. 20–23)

5 „Es war noch kühl, und wir standen an der Tramwendestation in der Telefonzelle.“ (S. 20)

Erkläre, warum Friedrich und Johann in der Telefonzelle stehen.

Tipp

Beim Operator „**erklären**“ musst du Sachverhalte in einen Zusammenhang stellen und begründen oder zu Schlussfolgerungen kommen. ■

Kapitel 5 (S. 24–27)

6 „‚Verwechseln Sie Ihren Alltagsatheismus nicht mit der Fähigkeit, logisch zu denken. […]‘ […] Der Satz war zu einem geflügelten Wort zwischen uns geworden.“ (S. 25)

a Was ist ein „geflügeltes Wort“? Kreuze die passende Erklärung an.

Ein „geflügeltes Wort“ ist ein …

- ☐ Wort, das aus einer fremden Sprache übernommen und in seiner Schreibung und Aussprache so ans Deutsche angepasst wurde, dass es kaum noch als Fremdwort erkennbar ist.
- ☐ Zitat, dessen Quelle/Urheber bekannt ist und das als Redewendung in den normalen Sprachgebrauch aufgenommen wurde.
- ☐ sprachlicher Ausdruck, der aus einem bestimmten Fachbereich stammt und in diesem eine spezielle Bedeutung besitzt.

b **Skizziere** die Geschichte, die hinter diesem geflügelten Wort bzw. Satz steckt.

Tipp

Beim Operator „**skizzieren**“ sollst du z. B. eine Person, eine Handlung, einen Entwicklungsprozess oder einen Sachverhalt in groben Zügen darstellen. ■

17 Am Ende der Pause gesellt sich Alma zu Johann und Friedrich.
Kreuze an, ob die nachfolgenden Aussagen auf Alma zutreffen oder nicht.

Aussage	trifft zu	trifft nicht zu
Alma ist ein Jahr jünger als ihr Bruder Friedrich.	☐	☐
Sie ist in derselben Klasse wie ihr Bruder.	☐	☐
Alma ist eine Klasse über Friedrich, also in der 10. Klasse.	☐	☐
Sie besucht wie ihr Bruder das humanistisch-neusprachliche Lessing-Gymnasium.	☐	☐
Alma ist schlauer als ihr Bruder Friedrich.	☐	☐
Alma hat die fünfte Klasse übersprungen.	☐	☐
Sie ist in den Augen ihres Bruders cool.	☐	☐
Alma ist eine strebsame, aber etwas langweilige Musterschülerin.	☐	☐
Alma raucht Zigarette.	☐	☐
Sie hat offenbar kein Problem damit, die Schule zu schwänzen.	☐	☐
Alma ist die feste Freundin von Johann.	☐	☐
Alma ist sehr eng mit Johann und Friedrich befreundet.	☐	☐

Kapitel 6 (S. 28–39)

18 „In der letzten Woche vor den Zeugnissen fand das Sportfest statt." (S. 28)
„‚Büchner! Lohmann! Verweis!', bellte er." (S. 37)
Skizziere, wie es dazu kommt, dass Friedrich und Johann auf dem Sportfest einen Verweis erhalten.

19 „Max hatte das gerufen. Der Kleinste in meiner ehemaligen Klasse. Er war ein lebendes Klischee. Klein. Frech. Schlagfertig.
Ob ich auch so einem Klischee entsprach? Alle dachten immer, ich würde Drogen nehmen, nur weil ich lange Haare hatte. Oder dass ich irgendwie freaky wäre, bloß weil ich gerne Schwarz trug." (S. 31/32)

a **Erkläre**, was der Begriff „Klischee" bedeutet.
Ergänze dazu in nachfolgendem Antworttext zwei weitere Beispiele für Klischees.

Tipp
Weitere Informationen zum Thema findest du z. B. hier:
https://wortwuchs.net/klischee/ ■

Der Begriff „Klischee" bezeichnet meist eine vorgefertigte und eingefahrene Ansicht zu einem Sachverhalt oder einer Personengruppe (Schubladendenken). Einer ganzen Gruppe werden dann z. B. vermeintlich „typische" Eigenschaften zugeschrieben, z. B. „Deutsche sind pünktlich", „____________________" oder „____________________".

b Diskutiert in der Klasse darüber, welche Probleme durch dieses Schubladendenken entstehen können und was man gegen Klischees und Vorurteile tun kann.

0 Auf dem Sportfest entrollen Johann und Friedrich ein Banner, Alma fotografiert die Aktion (vgl. S. 36/37). Anschließend stehlen sich die drei früher vom Sportfest davon (vgl. S. 39).

Mit welchem Wort könnte man das Verhalten der drei Jugendlichen am besten beschreiben? Kreise es ein.

umsichtig	nachlässig	rebellisch	unbeschwert
angepasst	kreativ	ängstlich	lustig

Kapitel 7 (S. 40/41)

1 **Fasse zusammen**, was in dem Kapitel geschieht. Ergänze dazu im Lückentext die passenden Verben in grammatikalisch richtiger Form.

leben • aufstehen • suchen • fragen • aufwachen • haben • denken • gehen • wecken

Der Ich-Erzähler ___________ an einem Herbsttag früh morgens ___________, ___________ sich, ob er sein Leben noch richtig ___________, und ___________ an den einen Sommer, der so starken Einfluss auf sein heutiges Leben ___________. Er ___________ leise ___________, um niemanden zu ___________, ___________ zum Friedhof und ___________ nach einem bestimmten Grab.

Kapitel 8 (S. 42–48)

2 „Irgendwann kamen wir in eine Art Rausch.“ (S. 43)

a **Erkläre**, wobei die drei Jugendlichen in eine Art Rausch geraten und wie dieser aussieht.

b Überlege dir gemeinsam mit einer Arbeitspartnerin oder einem Arbeitspartner zwei weitere, möglichst lustige Möglichkeiten, um nach Beate zu fragen. Notiert eure Ideen.

„Ja, hier Baumann vom Wasserwerk. Könnte ich bitte mit Ihrer Tochter Beate sprechen?“ (S. 44)

„Friedrich-Ebert-Gesamtschule, Mollenhauer. Ihre Tochter Beate war heute etwas zu spät. Dürfte ich den Grund dafür erfahren?“ (S. 44)

„Guten Tag, hier ist Friedrich der Große. Könnte ich Beate sprechen?“ (S. 44)

c Stellt eure Ergebnisse in der Klasse vor und kürt die drei lustigsten Ideen.

23 „Warum kann man nicht hingehen und sagen: ‚Hey, ich finde dich total interessant und ich will dich kennenlernen, und vielleicht bist du überhaupt die Liebe meines Lebens.'" (S. 46)

Nachdem die drei Jugendlichen tatsächlich herausgefunden haben, wo Beate wohnt, gehen sie in den Tempelbaum, ihr Lieblingscafé. Dort überlegen sie, wie Friedrich in Bezug auf Beate weiter vorgehen könnte.

a „‚Mir könnte das einer sagen.' Sie sprach ganz leicht, wie verträumt. ‚Müsste nur der Richtige sein. Der sollte das sagen." (S. 47)

Alma findet die Idee, einer Person direkt zu sagen, dass man sie kennenlernen will usw., gar nicht so abwegig. **Beurteile** diese Idee. Was hältst du persönlich davon?

Tipp

Beim Operator **„beurteilen/bewerten"** sollst du zu einem Text, einem Sachverhalt oder einem Problem zu einem selbstständigen und begründeten Urteil gelangen. ■

b Sprich mit einer Arbeitspartnerin oder einem Arbeitspartner darüber, wie Friedrich eurer Meinung nach in Bezug auf Beate weiter vorgehen könnte.

24 „Manchmal war es genug, die beiden zu haben." (S. 48)

Erkläre, was Friedrich mit diesem Satz meinen könnte.

Kapitel 9 (S. 49–54)

5 Das Verhältnis zwischen Friedrich, genannt Frieder, und seinem kleinen Bruder Kolja ist offenbar sehr eng und liebevoll.

Belege diese Aussage anhand von zwei Beispielen aus dem Text. Verweise auch auf entsprechende Textstellen.

Tipp

Beim Operator „**belegen**" sollen z. B. zu bestimmten Aussagen Zitate (Belege, Beweise) im Text gefunden und genannt werden. ■

6 Im Kapitel erfährt man auch etwas über Friedrichs Verhältnis zur Schule. Unterstreiche jeweils die Textstelle, in der er sagt, …

1 ob er gern zur Schule geht sowie die dazugehörige Begründung, und

2 warum er vermutlich nicht gut in der Schule ist.

7 „Und dann sah ich Beate in der Menge. Ich erkannte sie sofort." (S. 53)

Beschreibe die Situation, in der Friedrich Beate sieht, und wie die Begegnung der beiden abläuft. Die Stichworte können dir dabei helfen.

letzter Schultag | **Abschlussgottesdienst** | *anderes Gymnasium* | Menschenmenge | gleich wiedererkennen | *sich unterhalten* | vielleicht einmal sehen

Schreibaufgabe zu Lese-Etappe 1

8 „Und dann sah ich Beate in der Menge. Ich erkannte sie sofort. […]
Mir stieß es kalt durch den Magen – dieses seltsame Erschrecken zwischen Freude und Angst." (S. 53)

Als Frieder Beate in der Menge vor der Kirche entdeckt, hat er gemischte Gefühle. Bevor er sich entschließt, zu ihr hinüberzugehen, schwirren ihm zahlreiche Gedanken durch den Kopf.

Entscheide dich für die Schreibaufgabe mit dem für dich passenden Schwierigkeitsgrad.

a Friedrich …

- freut sich darüber, Beate zufällig zu begegnen,
- hat Angst, dass Beate ihn nicht mehr wiedererkennt,
- ist sich unsicher, wie sie auf ein Wiedersehen mit ihm reagiert,
- entschließt sich am Ende dennoch, sie anzusprechen.

Verfasse Friedrichs Gedanken und gehe dabei auf alle genannten Punkte ein. Schreibe mindestens 80 Wörter.

b Verfasse Friedrichs **inneren Monolog** in dieser Situation (mindestens 200 Wörter).

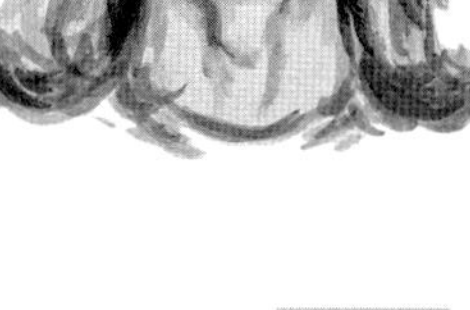

Lese-Etappe 2: Kapitel 10–17

Kapitel 10 (S. 55–58)

29 In der Lektüre kommen immer wieder Begriffe vor, die auf den zeitgeschichtlichen Hintergrund des Romans anspielen.

a Ergänze in nachfolgenden Zitaten die fehlenden Begriffe mithilfe des Romans.

- „‚Ein Spendenaufruf für die ______________.‘
  Max war im Grunde ein Spießer. Der wäre nie auf eine Demo gegangen, vielleicht weil sein Vater ein Mietshaus besaß. Er war immer auf der Seite der Kapitalisten, wenn wir über Politik diskutierten.“ (S. 32)
- „Unser Kleinbus wurde oft angehalten – als ob die ______________________________ einen Bus benutzen würden, der fünfundneunzig Spitze fuhr.“ (S. 55)
- „‚Ich schreib dir, wie es ist‘, versprach er und hob die Faust zum Gruß. ‚______________!‘“ (S. 56)

b Lies nun den Informationstext, in dem erklärt wird, was es mit diesen Begriffen auf sich hat.

info

Die **R**ote **A**rmee **F**raktion (**RAF**) war eine linksextreme radikale Vereinigung, die anfangs auch nach den Mitgliedern Andreas Baader und Ulrike Meinhof „**Bader-Meinhof-Gruppe**“ genannt wurde. Sie verübten ab den 1970er-Jahren zahlreiche terroristische Anschläge, darunter Morde, Geiselnahmen und Sprengstoffattentate, um gegen den Kapitalismus zu protestieren und die politische sowie soziale Grundordnung der Bundesrepublik Deutschland zu ändern. Zur Handlungszeit des Romans 1981 wurden zwei Anschläge auf US-amerikanische Einrichtungen in Deutschland verübt, die auch in den Medien präsent waren.

„**Rotfront!**“ war der interne Gruß der Mitglieder des Roten Frontkämpferbunds (RFB), dem Wehrverband der Kommunistischen Partei Deutschlands (KPD) zur Zeit der Weimarer Republik. Von einigen RAF-Mitgliedern wurden die Symbole oder die Sprache früherer linker Organisationen verwendet, um sich nach außen in eine Traditionslinie mit deren Überzeugungen und Verhaltensweisen zu stellen. ■

c Stellt anschließend in der Klasse Vermutungen dazu an, warum Friedrich, aber auch sein Bruder, Begriffe aus diesem Bereich benutzen und warum sie auf dieses Thema anspielen könnten.

30 Familie Büchner fährt am ersten Ferientag in den Urlaub – zum ersten Mal ohne Frieder und Alma. In diesem Zusammenhang erfährt man wieder einiges über Frieders Eltern.

Vergleiche Frieders Eltern anhand von mindestens zwei Aspekten.

a Ordne zunächst zu, auf welches Elternteil die stichpunktartigen Beschreibungen zutreffen.

Tipp

Beim Operator „**vergleichen**“ sollst du Texte, Figuren, Sachverhalte oder Problemstellungen unter vorgegebenen oder selbst gewählten Aspekten einander gegenüberstellen und Gemeinsamkeiten sowie Unterschiede feststellen. ■

regelt alle Geldangelegenheiten • ist unpünktlich • fällt üblicherweise alle Entscheidungen • erlaubt nahezu alles • hat kein Problem damit, anderen körperlich Zuneigung zu zeigen • ist unbeholfen darin, anderen (körperlich) Zuneigung zu zeigen • hat selten etwas zu entscheiden • packt immer nach einem exakten System, das niemand durcheinanderbringen darf • ist sehr klug

Mutter	Vater

b Verfasse nun mithilfe der Informationen aus der Tabelle einen Antworttext zur Aufgabe.

Kapitel 11 (S. 59–66)

1 Nachdem Familie Büchner abgereist ist, fährt Frieder mit dem Fahrrad zu seinen Großeltern.

Welche Beschreibungen treffen auf das Haus der Großeltern zu? Streiche alle Aussagen durch, die **nicht** richtig sind.

Tipp

Im Roman gibt es eine Anspielung auf Albrecht Dürers Kunstwerk „**Betende Hände**" (1508). Bei Interesse kannst du dich hier genauer darüber informieren: *https://de.wikipedia.org/wiki/Betende_Hände* ■

- Das Haus liegt in einem Gebiet mit vielen weißen Flachdachpavillons.
- Die Großeltern wohnen in einem weißen Pavillon.
- Das Haus steht in einem breiten Viereck aus Grün und Bäumen.
- Es ist mit einem Minizaun aus Drahtbögen umzäunt.
- Ein Holzzaun umgibt das Grundstück.
- Im Treppenhaus hängen zahlreiche Bilder der Großmutter.
- Das Haus sieht aus wie aus den 1950er-Jahren.
- Im Haus gibt es zwei getrennte Wohnungen.
- Die Großmutter wohnt im ersten Stock.
- Das Gästezimmer ist voller Bücher und Bilder.
- Auf den Bildern im Gästezimmer sind betende Hände und Hirsche zu sehen.

Albrecht Dürer: „Betende Hände", 1508, Pinselstudie auf blau grundiertem Papier

32 „Klar. Der Großvater freut sich auf mich. **Wie ein Löwe sich auf eine Antilope freut.**" (S. 61)

Erkläre, was Frieder mit dieser Aussage vermutlich meint.

____

____

____

____

____

____

____

33 Gleich nach Frieders Ankunft erklärt ihm der Großvater, wie sein Tagesplan in den nächsten sechs Wochen aussehen wird.

Gib knapp **wieder**, wie Frieders Tage strukturiert sein werden. Fülle dazu die Lücken richtig aus.

Frieder muss jeden ____________ von ____________ bis ____________ lernen, auch am ____________. Danach hat er aber immer ____________.

34 Angeregt durch die Bilder, die im Haus ausgestellt sind, fragt Frieder Nana, ob sie früher eine berühmte Künstlerin gewesen sei. Daraufhin beginnt diese von ihrer Vergangenheit zu erzählen.

Nenne mindestens vier Informationen, die man über Nana erfährt.

Kapitel 12 (S. 67–77)

35 Den Vormittag hat Frieder damit verbracht, Latein zu lernen und auf dem Stadtplan den Weg zu Beates Wohnung herauszusuchen. Am Nachmittag macht er sich dann auf den Weg zu ihr.

Fasse zusammen, wie dieser erste Besuch bei Beate abläuft. Verbinde dazu die Satzanfänge jeweils mit dem richtigen Ende.

Satzanfang	Satzende
Frieder klingelt mutig bei Beate, …	doch niemand ist zu sehen.
Die Wohnungstür steht offen, …	woraufhin ihm sofort geöffnet wird.
Als Frieder sich bemerkbar macht und Beates Zimmer betritt, …	wirkt diese zunächst überrascht und etwas verstimmt, weil sie mit einer Freundin gerechnet hat.
Die Situation entspannt sich aber schnell, …	weil niemand im Laden war, bei dem er sie hätte bezahlen können.
Er hat die Lebkuchen gestohlen, …	als Frieder ihr die Lebkuchen überreicht, die er unterwegs in einem Fabrikverkauf mitgenommen hat.

Beate lehnt aus Zeitgründen Frieders Idee ab, …	weil ihre Freundin auf sie wartet.
Stattdessen machen die beiden auf Beates Vorschlag hin einen Spaziergang, …	es am heutigen Tag noch einmal mit dem Zehnmeterturm im Schwimmbad zu versuchen.
Schließlich muss Beate nach Hause, …	bei dem sie unter anderem über ihre Familien sprechen und die Zeit miteinander genießen.

6 Sowohl Frieder als auch Beate deuten während des Spaziergangs an, dass sie sich gern noch einmal mit dem anderen treffen würden.

Belege diese Aussage mithilfe passender Zitate aus dem Roman.

Frieder deutet an, dass er sich gern noch einmal mit Beate treffen würde, als er anbietet, mit ihr in die alte Brauerei zu gehen: ______________________________

____

Auch Beate möchte Frieder offenbar noch einmal wiedersehen. Sie deutet an, dass sie gern einmal mit ihm im Fluss schwimmen gehen würde: ______________________________

____

Kapitel 13 (S. 78–81)

7 Als Nana und Frieder am Abend auf dem Balkon sitzen, zeichnet sie ihn und erzählt ihm knapp, wie sie den Großvater kennengelernt und sich in ihn verliebt hatte.

Gib diese Geschichte knapp **wieder**. Fülle dazu die Lücken mithilfe der Lektüre richtig aus.

Nana hat den Großvater im Jahr ________ kennengelernt, als sie wegen einer ______________ ______________ im Krankenhaus in ______________ lag. Eines Morgens kam dann ein ______________ in ihr Zimmer. Das war der Großvater. Nana war sofort ______________ in ihn, weil er in ihren Augen unglaublich ______________ aussah.

Kapitel 14 (S. 82–93)

8 Während des Mittagessens befragt der Großvater Frieder zum Thema „klassische Musik“ und spielt ihm das musikalische Märchen „Peter und der Wolf“ von Prokofjew vor. Frieder mag hingegen die Musik von Tschaikowsky.

Höre einmal in das musikalische Märchen „Peter und der Wolf“ von Prokofjew und in die Musik von Tschaikowsky hinein:

Prokofjew: *https://www.youtube.com/watch?v=62lOwKbow-I*

Tschaikowsky: *https://www.youtube.com/watch?v=DG87oy53_zM*

39 „Wie viel Taschengeld bekommst du?“ (S. 84)
„‚Ich kriege kein Taschengeld‘, sagte ich. ‚Nur die Kleinen. Ich trage Zeitungen aus. Also – normalerweise. Jetzt im Sommer nicht.‘“ (S. 85)

Unterstreiche im Text, was der Großvater Frieder anbietet, um auch in den Sommerferien etwas Geld zur Verfügung zu haben.

40 Am Nachmittag fährt Frieder zu seinem besten Freund Johann. Bei diesem Besuch erfährt man einiges über Johann und seine Eltern.

a **Nenne** den Grund, warum Johanns Vater einen eigenen Fahrer hat. Beende dazu den folgenden Satz passend zur Lektüre.

Johanns Vater hat einen eigenen Fahrer namens Herbert, weil ______________________________

____

b Ordne die nachfolgenden Eigenschaften Johann (**J**), seiner Mutter (**M**) oder seinem Vater (**V**) zu, indem du den entsprechenden Buchstaben in das Kästchen schreibst.

	hört Heavy-Metal-Musik.		raucht und trinkt Alkohol.
	weiß nicht, dass Johann raucht.		liest Comics.
	ist immer etwas besorgt um Johann.		ist total nett.
	hat ein riesiges Zimmer.		spielt Keyboard.
	weiß, dass Johann raucht.		spielt offenbar Schlagzeug.
	ist stur.		wird immer schnell laut.
	beruhigt sich schnell wieder.		lächelt oft unsicher.
	ist aufbrausend.		ist nicht einmal so groß wie Frieder.
	bedient sich unerlaubt an der Haushaltskasse.		

41 „Ich klettere einfach nachts aus dem Fenster. Das merkt kein Mensch. […]“ (S. 90)

Johann hat von seinem Vater Hausarrest bekommen, weshalb er sich nachts heimlich davonschleichen will. **Gib wieder**, wofür sich Johann und Frieder verabreden.

____

____

Kapitel 15 (S. 94–101)

2 „Wenn man etwas tut, dann muss man wissen, wozu man es tut, nicht, wie. Das macht den Unterschied zwischen einem denkenden Menschen und einem Kopieraffen aus.“ (S. 95/96)

a **Gib** in ein bis zwei Sätzen **wieder**, in welchem Zusammenhang Frieders Großvater dies sagt.

b **Erkläre**, was Walther mit dem Unterschied zwischen denkenden Menschen und Kopieraffen meinen könnte.

c **Nimm** im Gespräch mit einer Arbeitspartnerin oder einem Arbeitspartner **Stellung** zu Walthers Aussage. Seht ihr es ähnlich?

Tipp

Beim Operator „**Stellung nehmen**“ geht es darum, nach kritischer Prüfung und Abwägung eine Einschätzung zu einer Problemstellung, zu einem Sachverhalt oder eine Wertung zu formulieren. ■

3 „Er glaubt an Reinkarnation und so.“ (S. 97)
„[Er] ist ein kluger Mann. Er ist nur nicht für den Alltag geschaffen.“ (S. 98)

Über wen wird hier gesprochen?

Nenne die Person. ______________________________

4 „Wie bist du eigentlich Professor geworden?“ (S. 99)

Frieder begleitet seinen Großvater in die Klinik, um seinen neuen Job als Bote anzutreten. Dabei stellt Frieder ihm diese Frage. **Gib** knapp in eigenen Worten **wieder**, was Walther antwortet.

____

____

____

____

5 Als Frieder mit seinem Großvater die Klinik erreicht, fallen ihm unter anderem zwei Dinge auf. Unterstreiche im Buch die beiden Textstellen, in denen Nachfolgendes deutlich wird.

1 Sogar der Pförtner erweist dem Großvater deutlichen Respekt.

2 Der Großvater war sich offenbar sicher, dass Friedrich den Job annehmen würde.

Kapitel 16 (S. 102–110)

6 „Gerade war ich noch total gut gelaunt gewesen.“ (S. 105)

Erkläre, warum Frieders gute Laune plötzlich verflogen ist. Setze die folgenden Teilsätze so zusammen, dass daraus ein passender Lösungstext zur Aufgabe entsteht. Achte auf die Beibehaltung der Satzzeichen.

um sie zum nächtlichen Besuch im Schwimmbad einzuladen.	Aus der Klinik ruft Frieder zuerst Alma und dann Beate an,	weshalb seine gute Laune verflogen ist.

Frieder ist sich sicher,	Alma sagt sofort zu,	dass sie nicht kommen wird,	doch Beate reagiert eher verhalten.

47 **Fasse zusammen**, was passiert, nachdem Friedrich schlecht gelaunt ins Haus der Großeltern zurückkehrt. Streiche jeweils die inhaltlich falsche Textvariante durch.

Nana missinterpretiert Frieders Laune und denkt, es läge **am Verhalten des Großvaters/an den Problemen in der Schule**. Um ihren Enkel zu trösten, erzählt sie ihm, dass **der Großvater/sie** ihn besonders mag. Frieder war als kleines Kind für ein **halbes/viertel** Jahr bei ihnen, als **die Mutter/Nana** krank war. In dieser Zeit hatte der Großvater Frieder besonders ins Herz geschlossen. Es war auch die Idee **des Großvaters/von Frieders Mutter** gewesen, dass Frieder in den Ferien zu ihnen kommt, um für die Nachprüfung zu lernen. Frieder ist vollkommen überrascht, dass der Großvater ihn so **sehr/wenig** mag, da er davon nie etwas gespürt hat. Nana erzählt Frieder auch eine Geschichte aus seiner Kindheit, in der er sich mit **acht/fünf** Jahren mutig einem fremden Hund, der einen **Kinderwagen mit einem Baby darin/kleinen Welpen** attackiert hatte, entgegengestellt hat. Der Großvater war damals von Frieders Mut und **schneller Auffassungsgabe/guter Erziehung** sehr beeindruckt.

Kapitel 17 (S. 111–123)

48 Frieder kommt nachts als Erster beim Schwimmbad an und wird von einer zufällig vorbeifahrenden Polizeistreife kontrolliert.

a **Gib wieder**, wie Frieder sich bei der Polizeikontrolle herausreden kann.

b Beate konnte die Szene mit der Polizei unbemerkt beobachten und findet Frieders Verhalten während der Kontrolle cool. **Nenne** die Punkte, die ihr gefallen haben.

49 „‚Herzlichen Glückwunsch', sagte der Typ. ‚Hausfriedensbruch und Erschleichen einer Leistung. Das gibt eine Anzeige.'" (S. 120)

Als die vier gerade vom Dreimeterbrett springen wollen, werden sie vom Bademeister entdeckt.

a **Erkläre**, auf welche Weise die Jugendlichen am Ende doch einer Anzeige entgehen können.

b **Belege** nachfolgende Aussage mithilfe eines geeigneten Zitats.

Alma weiß, dass ihr Bruder Angst vor dem Kopfsprung vom Siebeneinhalber hat, und erwartet daher nicht von ihm, dass er springt, um alle vor einer Anzeige zu retten. Das erkennt man daran, dass sie zu ihm sagt: ______

c **Erkläre**, woran man erkennen kann, dass der Bademeister Frieder eigentlich wohlgesonnen ist und ihn nicht zum Kopfsprung vom Siebeneinhalber zwingt, um ihn damit zu bestrafen.

0 „Das war der wirkliche Anfang dieses verrückten Sommers.“ (S. 123)

Erkläre einer Gesprächspartnerin oder einem Gesprächspartner, worauf sich das unterstrichene Wort vermutlich bezieht und inwiefern es sich dabei um den „wirklichen Anfang dieses verrückten Sommers“ handeln könnte.

Schreibaufgabe zu Lese-Etappe 2

1 „Eigentlich hatte ich nach der Polizeiaktion nicht mehr über den Zaun klettern wollen, aber Johann hatte ziemlich gelassen gesagt: ‚Jetzt waren sie ja schon da. Nicht sehr wahrscheinlich, dass sie noch mal vorbeikommen.‘“ (S. 115)

Verfasse das Gespräch zwischen den vier Jugendlichen, das dieser Aussage von Johann vorangegangen sein könnte.

Wähle wieder die Schreibaufgabe mit dem für dich passenden Schwierigkeitsgrad.

a Als Alma und Johann beim Schwimmbad ankommen, stellt Frieder die drei einander zuerst kurz vor. Im weiteren Gespräch …

- berichten Frieder und Beate dann von der Polizeikontrolle,
- macht Beate deutlich, dass sie Frieders Verhalten während der Kontrolle cool fand,
- deutet Frieder vorsichtig seine Bedenken an, ins Schwimmbad einzubrechen, wenn die Polizei in der Nähe ist.

Ergänze das **Gespräch** durch alle genannten Punkte. Schreibe mindestens 80 Wörter.

So beginnt das Gespräch:

Alma und Johann kommen auf ihren Fahrrädern fast zur gleichen Zeit am Schwimmbad an.
FRIEDER *(in gespielt tadelndem Ton):* Schön, dass ihr zwei es auch endlich geschafft habt, eure Hintern hierher zu bewegen.
ALMA *(grinsend)*: Tja, das Beste kommt halt zum Schluss.
JOHANN *(ebenfalls mit gespieltem Tadel in der Stimme):* Willst du uns nicht zuerst die werte Dame an deiner Seite vorstellen, bevor du gleich rummeckerst?
FRIEDER: Äh … Ja, klar.
Frieder dreht sich zu Beate.
Das ist Beate …
Frieder deutet nacheinander auf Alma und dann auf Johann.
und das ist meine Schwester Alma und dieser komische Vogel hier ist Johann.
BEATE *(lächelnd):* Schön, euch beide kennenzulernen!
ALMA: Freut uns auch! Cool, dass jetzt noch ein Mädel zu unserer Truppe gehört.
BEATE: Ich finde es auch schön, dass du heute dabei bist.
Die beiden Mädchen stellen sich zueinander.
…

b Nach einer kurzen Begrüßung erzählen Frieder und Beate den beiden Neuankömmlingen von der Polizeikontrolle. Als Frieder seine Bedenken andeutet, über den Zaun zu klettern, wenn die Polizei in der Nähe ist, tut Johann dies ab.

Verfasse dieses **Gespräch** zwischen den vier Jugendlichen (mindestens 200 Wörter).

Lese-Etappe 3: Kapitel 18–23

Kapitel 18 (S. 124–129)

52 **Zeige** anhand von mindestens zwei Beispielen aus dem Kapitel, dass Frieders Großvater sehr diszipliniert ist.

a Fülle dazu zuerst die Lücken in nachfolgenden Zitaten mithilfe der Lektüre richtig aus.

1 „Jeden Morgen ein ______________________ …
Das Wasser wurde nur ______________________
gewechselt." (S. 125)

2 „Unten in seinem Bad hingen außerdem rechteckig zurechtgeschnittene ______________ ______________ an einem ______________ dort, wo sich bei anderen Leuten die ______________________ befand." (S. 125)

3 „Ich kannte niemanden, nach dem man wirklich ______________________ hätte stellen können. […] Aber wenn ich unten Großvater die Tür aufschließen hörte, war es zwölf. ______________ zwölf." (S. 125)

Tipp

Beim Operator **„zeigen/aufzeigen"** wird von dir erwartet, dass du z. B. Zusammenhänge, Entwicklungen oder Probleme unter einer bestimmten Fragestellung wiedergibst.

Disziplin ist die Fähigkeit, sich selbst und sein eigenes Verhalten zu kontrollieren, um ein bestimmtes Ziel zu erreichen. ■

b Formuliere nun mithilfe der Zitate einen Antworttext für die Aufgabe. Verwende eigene Worte.

____

____

____

____

____

____

____

____

____

53 Mache dir gemeinsam mit einer Gesprächspartnerin oder einem Gesprächspartner Gedanken über nachfolgende Zitate und Fragestellungen.

a „Oder ich konnte Ludwig einen Brief schreiben." (S. 124)
„Die Geschichte mit dem Bad brauchte fast drei Seiten. Die Polizeikontrolle am Bad schmückte ich ein bisschen aus, aber sonst blieb ich im Ganzen bei der Wahrheit. Außer dass ich Beate wegließ … Ich konnte irgendwie nicht über sie schreiben." (S. 125)

Aus welchem Grund fällt es Frieder möglicherweise schwer, seinem Bruder von Beate zu schreiben?

b „Die anderen waren jetzt vermutlich alle am Strand, aber das machte mir gar nichts aus. Gerade war ich tatsächlich lieber hier.“ (S. 125)

Was könnte der Grund dafür sein, dass Frieder aktuell lieber bei seinen Großeltern statt mit seiner Familie im Urlaub ist?

4 „Natürlich hatte ich wieder keinen Umschlag. Ich zog die Schubladen des Schreibtisches auf.“ (S. 126)

Nenne mindestens vier Dinge, die Frieder in den Schreibtischschubladen entdeckt.

____

____

____

5 „Nana hatte Mama und meinen Onkel in Flensburg besucht. Wenn Mama davon erzählte, dass sie bei ihrer Omi aufgewachsen war, dann war das für mich immer eine der vielen Geschichten gewesen. [...] Ich glaube, erst als ich mithilfe des Tagebuchs die Geschichte mit Nanas Augen sah, begriff ich, wie falsch das eigentlich war. Die eigenen Kinder bei der Mutter zu lassen. Kinder, die nicht mal mehr einen Vater hatten.“ (S. 127)

a Stelle gemeinsam mit einer Gesprächspartnerin oder einem Gesprächspartner Vermutungen dazu an, warum Nana ihre Kinder bei ihrer Mutter gelassen haben könnte.

b Frieder empfindet es als falsch, dass Nana die Kinder bei ihrer Mutter ließ. Wie seht ihr das? **Bewertet** die Situation gemeinsam in der Klasse.

Geht folgendermaßen vor:

- Teilt die Klasse zuerst in **drei Gruppen** auf.
- **Weist** jeder Gruppe eine der untenstehenden **Fragen zu**.
- **Diskutiert in der Gruppe** über die euch zugeteilte Frage.
- **Stellt** anschließend die **Ergebnisse** eurer Diskussion **in der Klasse vor**.

1 *Was könnte es über Nana aussagen, dass sie ihre Kinder bei der Mutter lässt?*

2 *Inwiefern könnte es sich negativ auf die Kinder auswirken, dass die Kinder nicht bei der eigenen Mutter aufwachsen?*

3 *Unter welchen Umständen wäre es in Ordnung, die Kinder bei der Mutter zu lassen?*

56 Unterstreiche die Textstellen im Buch, in denen Nana ihre Liebe zu Walther und seine negativen Eigenschaften beschreibt.

Kapitel 19 (S. 130–137)

57 Frieder macht sich Gedanken über die Liebe.

„Vielleicht war Verliebtheit ein wenig so wie der Tod. Danach war nichts mehr, wie es vorher gewesen war. Alles andere verlor an Bedeutung und alles, alles wurde plötzlich in Bezug gesetzt zu einem Menschen, den man kurz vorher noch gar nicht gekannt hatte."
(S. 130)

„Den *Werther* hatte ich immer langweilig gefunden, aber in diesem Moment [...] schüttelte es mich innen so durch, dass ich plötzlich verstand, dass manche diesen Orkan im Inneren irgendwann nicht mehr aushielten."
(S. 131)

a In Frieders Gedanken kommt auch eine Anspielung auf Goethes Briefroman „Die Leiden des jungen Werther" vor. Informiere dich im Internet über den Inhalt des Romans, damit du diese Anspielung verstehst.

Sieh dir z. B. folgendes Video an: *www.youtube.com/watch?v=vhPr3A8Y-Wg*

b **Erkläre**, inwiefern Frieders Aussagen über die Liebe zum Inhalt des Briefromans passen. Ergänze im Lückentext die fehlenden Wörter. Der erste Buchstabe des jeweils gesuchten Wortes ist bereits vorgegeben.

Frieder vergleicht die Liebe mit dem T______________. Auch im Briefroman spielt der Tod eine wichtige Rolle, da Werther sich am Ende u______________. Werthers ganzes Denken und Handeln scheint durch die Liebe zu L______________ bestimmt gewesen zu sein. Ähnlich wie Frieder es beschreibt, hat offenbar auch für Werther alles andere an B__________________ verloren – sogar sein eigenes Leben. Da Lotte mit einem anderen Mann verlobt und später v__________________ ist, ist sie für Werther unerreichbar. Das erzeugt in ihm offenbar so starke G__________________, dass er innerlich vollkommen aufgewühlt ist – wie durch einen O_______________, also eine Art Sturm. Werther hält diese überwiegend n__________________ Gefühle irgendwann nicht mehr aus und begeht S____________________. Darauf spielt Frieder mit seiner Aussage an.

58 Zwei Tage nach dem nächtlichen Schwimmbadbesuch versucht Frieder vergeblich, Beate von einer Telefonzelle aus zu erreichen. Seit der Nacht im Schwimmbad hat er sie nicht wiedergesehen.

a Formuliere entweder die fehlende Antwort oder Frage.

1 **Frage:** Was macht Frieder, um sich von den Gedanken an Beate abzulenken?

Antwort: ______________________________

____

2 **Frage:** ______________________________

Antwort: Schwester Herta will Alma zeigen, woran man erkennt, dass jemand stirbt.

3 **Frage:** Worüber sprechen Alma und Frieder später im Garten des Altersheims?

Antwort: ______________________________

____

4 **Frage:** ______________________________

Antwort: Alma schlägt vor, sich am Abend mit Beate, die sie mag, und Johann, der am nächsten Tag in den Urlaub fährt, auf dem Kastell zu treffen.

b Lies anschließend die Frage und die jeweilige Antwort im Wechsel mit einer Arbeitspartnerin oder einem Arbeitspartner.

Kapitel 20 (S. 138–148)

59 „Und? Wie ist es so beim Großvater des Todes? Jeden Nachmittag Examen?“ (S. 141)

Johann und Frieder warten im Kastellgarten auf die Mädchen und unterhalten sich darüber, wie Frieders Aufenthalt bei den Großeltern ist.

a **Erkläre** und **belege**, warum Johann den Großvater vermutlich als „Großvater des Todes“ bezeichnet und davon ausgeht, dass Frieder jeden Nachmittag von ihm geprüft wird. Ergänze dazu mithilfe der angegebenen Seitenzahlen passende Zitate im Antworttext.

Johann weiß aus Frieders Erzählungen, wie hart und streng der Großvater ist. Frieder hat ihm gegenüber auch einmal erwähnt, dass der Großvater ihn töten würde, sollte er dabei erwischt werden, wie er nachts aus dem Fenster klettert („______________________________

______________________________“, S. 92).

Die Bezeichnung „Großvater des Todes“ könnte eine Anspielung darauf sein.

Johann kennt aber nicht nur Frieders Erzählungen über den Großvater, sondern ist ihm auch mindestens einmal selbst begegnet. Er weiß daher, dass Frieders Großvater ein sehr strenger Mann ist, der die Menschen sogar in Alltagssituationen ständig examiniert („______________________________

______________________________“, S. 25).

Daher geht Johann wohl davon aus, dass Frieder erst recht jeden Tag geprüft wird, wenn er dort ist, um für die Nachprüfung zu lernen.

b Unterstreiche im Roman die Textstellen, in denen deutlich wird, …

1 wie der Aufenthalt beim Großvater für Frieder wirklich ist,

2 warum Frieder lernt, obwohl der Großvater das nicht kontrolliert.

60 a Nachdem auch Beate und Alma auf dem Kastell angekommen sind, teilen sich die vier den Alkohol, den Johann mitgebracht hat, und sprechen unter anderem über Beates Vater.

Nenne mindestens vier Informationen, die man über Beates Familiensituation erhält.

1 ______________________________

2 ______________________________

3 ______________________________

4 ______________________________

____

____

b „Wir tranken die letzten Schlucke aus dem Marmeladenglas. Dann hielt Johann es über die Mauer und ließ es einfach fallen, ohne zu schauen, ob da unten jemand ging. So was machte er manchmal." (S. 148)

Johanns Verhalten lässt Rückschlüsse auf seinen Charakter zu. Kreise die Eigenschaft ein, die am besten zu seinem Verhalten passt.

ängstlich	vorsichtig	überlegt	humorvoll
schüchtern	rücksichtslos	umweltbewusst	
experimentierfreudig		nachtragend	

61 Die Jugendlichen sprechen kurz über den Tod der Frau im Altenheim, lassen sich davon aber nicht herunterziehen, sondern feiern das Leben mit Musik und Tanz auf der Burgmauer. Dabei kommen sich Beate und Frieder wieder näher.

Unterstreiche die Textstellen im Buch, in denen deutlich wird, dass …

1 Beate und Frieder sich küssen,

2 sie Händchen halten.

Kapitel 21 (S. 149–159)

52 Frieder liest wieder in Nanas Tagebuch und unterhält sich beim Mittagessen mit seinen Großeltern. Dabei erfährt man wieder einiges über Frieders Familie und ihre Geschichte.

Der folgende Text zu diesem Thema enthält **vier** inhaltliche Fehler. Verbessere sie, indem du die falschen Aussagen durchstreichst und auf der rechten Seite verbesserst.

Frieders leiblicher Großvater hatte Nana während des Krieges verlassen. Nana musste mit den Kindern Regine und Albert fliehen, aber diese hatten – anders als viele andere Kinder – wenigstens überlebt. Frieders Mutter, sein Onkel und Nanas Tante durften anfangs nicht mit Nana zusammenwohnen. Großvater Walther wollte das nicht. Als Nana Walther im Krankenhaus kennenlernte, war sie ausgehungert, schwach und hatte eine Nierenbeckenentzündung. Laut Walther war sie zu dem Zeitpunkt zwar etwas blass, aber dennoch erstaunlich hübsch. Er hatte damals noch braune Haare.	

53 „Ich hatte mir von Mama einmal das Alphabet auflisten lassen und sie hatte mir neben jeden Buchstaben den entsprechenden Buchstaben in Sütterlin gemalt." (S. 150)

a Lies nachfolgenden Informationstext über die Schrift „Sütterlin".

info

Die Sütterlinschrift, kurz **Sütterlin**, wurde 1911 im Auftrag des preußischen Kultur- und Schulministeriums von Ludwig Sütterlin entwickelt, um den Kindern das Schreibenlernen zu erleichtern. Ab 1915 wurde die deutsche Sütterlinschrift in Preußen eingeführt und viele Jahre an Grundschulen unterrichtet. Die anfangs von den Nazis als ursprünglich deutsche Schrift gefeierte Sütterlinschrift wurde 1941 (neben anderen Schriftarten) als Judenschrift verunglimpft und schließlich verboten. ■

a b c d e f g h i j k l m
n o p q r s t u v w x y z
A B C D E F G H I J K L M
N O P Q R S T U V W X Y Z
ä ö ü Ä Ö Ü ß mm nn Schluss-s

b Frieder findet in Nanas Tagebuch einen kurzen Brief, den Walther Nana geschrieben hat. Er ist in einer Mischung aus Sütterlin und lateinischer Schrift geschrieben, sodass Frieder nur Teile davon lesen kann. Wie könnte der Brief in Sütterlinschrift ausgesehen haben? Übertrage die angegebenen Teile des Briefs (siehe nächste Seite) mithilfe des im Info-Kasten abgedruckten Alphabets in Sütterlin.

Oktober 48. Liebste

Du bist mir ... viel ... gegenwärtig. Dein Bild steht ...

unausgesetzt ... über den ... der Imagination. ... tiefer

Sehnsucht ... als Kuss der innigen Verbundenheit ...

Walther.

64 „Du könntest mit ins Institut kommen. Es gibt mehr zu tun als sonst. Du kannst dir was dazuverdienen." (S. 152)
„Erst nach einer Stunde fiel mir auf, dass im Labor überhaupt nicht mehr zu tun war als sonst. Eigentlich sogar weniger. [...] In Wirklichkeit erklärte er mir das Labor." (S. 155)

a **Nenne** drei Dinge, die Walther Frieder im Labor zeigt.

1

2

3

b Am Ende des Arbeitstags holt Frieder den Großvater in dessen Büro ab.
Nenne mindestens fünf Dinge, die Frieder im Büro des Großvaters sieht oder die ihm daran auffallen. Du kannst in Stichpunkten oder ganzen Sätzen antworten.

1

2

3

4

5

65 „Laut knallend verpasste sie mir eine Ohrfeige. Dann schlug die Tür hinter ihr zu." (S. 159)

Skizziere, was passiert, als Frieder von der Klinik nach Hause kommt.

Kapitel 22 (S. 160–170)

56 Im Roman fällt immer wieder der Begriff „Bossa Nova“.

a Worum handelt es sich dabei? Zitiere Beates Erklärung.

b **Erkläre**, welche Rolle „Bossa Nova“ im Roman und insbesondere in diesem Kapitel spielt. Verbinde dazu die Satzanfänge mit dem richtigen Ende und schreibe den Text danach ins Heft.

Als Frieder zum ersten Mal bei Beate zu Hause ist, …	und sind beide davon fasziniert.
Auch bei diesem Besuch hören sie zusammen diese brasilianische Musik …	weil beide eine spezielle Verbindung zu Brasilien haben:
Die Musik ist auch deshalb für beide etwas Besonderes, …	stammt Beates Vater aus diesem Land.
Während Brasilien bzw. Rio de Janeiro für Frieder seit Langem ein Sehnsuchtsort ist, …	hört er dort auch zum ersten Mal Bossa-Nova-Musik.

57 Nana ist zutiefst verletzt und wütend auf Frieder, weil er ihre Tagebücher gelesen hat. Er macht sich selbst immer wieder Gedanken zu dem Thema, spricht aber auch mit Alma und Beate darüber.

a Ordne zu, von wem nachfolgende Gedanken und Aussagen stammen. Schreibe dazu jeweils den Namen auf die Linie vor das Zitat.

Frieder: „War es okay, in Tagebüchern zu lesen, die so alt waren? Nein, war es nicht. Nana war ja nicht tot oder so.“ (S. 126)

____________: „Ich zog die Schublade mit Nanas Tagebüchern auf. Mit schlechtem Gewissen. Trotzdem. Irgendwie war es doch auch meine Geschichte. Das alles hatte zu mir geführt.“ (S. 149)

____________: „Bist du noch ganz sauber? Frieder! Du kannst doch nicht Nanas Tagebuch lesen. Wie bist du denn drauf? Sei froh, dass sie dir bloß eine geklatscht hat!“ (S. 161)

____________: „Wenn meine Mutter ein Tagebuch hätte, würde ich's auch lesen. Weil sie mir nie was von meinem Vater erzählt. Ich finde, das ist okay. Also – es ist nicht ganz okay […]. Auf eine Weise ist es falsch. Aber auf eine andere nicht. Regeln gelten nicht immer für alle gleich, finde ich.“ (S. 170)

b Frieder liest in Nanas Tagebüchern, obwohl er selbst das Gefühl hat, es sei nicht in Ordnung.

Nimm im Gespräch mit einer Arbeitspartnerin oder einem Arbeitspartner **Stellung** zu folgender Frage: „War es okay, in Tagebüchern zu lesen, die so alt waren?“ (S. 126)

Kapitel 23 (S. 171–183)

68 Als Frieder Beate das Haus seiner Großeltern zeigt, begegnen sie vor der Tür dem Großvater. Dieser befiehlt Frieder, in das wartende Taxi zu steigen. Beate darf mitkommen.

a Wohin fahren sie? **Nenne** das Ziel der Taxifahrt.

____

b Frieder hat positive Erinnerungen an den Tierpark, da seine Familie jeden Sommer einen Ausflug dorthin gemacht hat. Unterstreiche jeweils im Roman, welche Einstellung Beate und der Großvater zum Zoo haben.

c Welche Einstellung hast du persönlich zum Zoo? Sprecht in der Klasse darüber.

d Warum muss der Großvater aus beruflichen Gründen in den Tiergarten? Zitiere den Satz von Seite 175, in dem er das kurz erklärt.

____

69 **Fasse** in 1–3 Sätzen **zusammen**, welches besondere Erlebnis Beate und Frieder im Zoo haben.

____

____

____

70 „Der Herr Professor hat dir gerade eine Liebeserklärung gemacht.“ (S. 183)

Erkläre im Gespräch mit einer Arbeitspartnerin oder einem Arbeitspartner, auf welche Weise der Großvater Frieder diese „Liebeserklärung“ gemacht hat.

Schreibaufgabe zu Lese-Etappe 3

71 „Heftig! […] Ich… Okay, dieser Tag verläuft echt anders.“ (S. 177)

Nach Frieders Besuch bei Beate nimmt der Tag eine unerwartete Wendung. Beate ist am Abend von den Ereignissen des Tages noch immer so aufgewühlt, dass sie nicht gleich einschlafen kann. Sie beschließt daher, ihre Gedanken zu sortieren, indem sie sich ihrem Tagebuch anvertraut.

Entscheide dich erneut für die Schreibaufgabe mit dem für dich passenden Schwierigkeitsgrad.

a Beate geht in ihrem **Tagebucheintrag** darauf ein, dass sie …

- zusammen mit Frieder Bossa Nova gehört hat und ihm nähergekommen ist,
- danach spazieren waren und über den Streit mit seiner Großmutter geredet haben,
- seinen Großvater kennengelernt hat und ihn trotz seiner harten Schale mag,
- von der Begegnung mit dem Tiger fasziniert war.

Berücksichtige alle genannten Punkte. Schreibe mindestens 80 Wörter.

b Darin lässt sie die Erlebnisse des Tages noch einmal Revue passieren.
Verfasse Beates **Tagebucheintrag** (mindestens 200 Wörter).

Lese-Etappe 4: Kapitel 24–29

Kapitel 24 (S. 184–187)

2 Auch in den folgenden Tagen spricht Nana kein Wort mit Frieder. Er geht ihr auch aus dem Weg.

a **Beschreibe** knapp, wie es dazu kommt, dass Nana doch wieder mit Frieder spricht.

b Wie ist Johanns Vater gestorben? Unterstreiche die entsprechende Textstelle im Buch.

Kapitel 25 (S. 188–194)

3 **Fasse zusammen**, was am Tag von Johanns Anruf noch alles passiert. Ergänze in folgendem Lückentext die Namen der Personen.

Später am Tag besucht ______ Familie ______. Johanns Mutter ______ ist vom Tod ihres Mannes ______ sehr betroffen. Der Fahrer ______ kümmert sich um die Mutter. ______ selbst wirkt zwar gefasst, bittet ______ aber, ihn am Freitag zur Beerdigung seines Vaters zu begleiten. Am Abend treffen sich die vier Jugendlichen in ihrem Stammcafé. Die Stimmung ist getrübt und angespannt. ______ beginnt zu weinen und wird von ______ getröstet. ______ betrinkt sich.

Als ______ am späten Abend wieder zu Hause ist, schreibt er einen Brief an seinen Bruder ______, in dem er vom Erlebnis mit dem Tiger und dem Tod von Herrn ______ berichten will. Währenddessen kommt ______ zu ihm. Sie erlaubt ihm, ihre Tagebücher zu lesen, will sie ihm später auch einmal vererben und zeigt ihm Bilder, die sie damals von sich und Großvater ______ gemalt hat. Diese zeugen von großen Gefühlen wie Liebe, aber auch Eifersucht. ______ ist überwältigt von den Ereignissen des Tages.

Kapitel 26 (S. 195–201)

74 Frieder, Beate und Alma nehmen an der Beerdigung von Johanns Vater, die erst im Dom und dann auf dem Friedhof stattfindet, teil.

Unterstreiche jeweils im Roman die Textstellen, in denen deutlich wird, …

1 was Frieder und Beate entdecken, als sie die Buntglasfenster des Doms berühren,

2 welche seltsame Mischung aus gegensätzlichen Gefühlen Frieder empfindet, als er mit Beate allein im Dom ist,

3 dass Frieder im Gegensatz zu Beate und Alma Johanns Trauer nicht bemerkt.

Kapitel 27 (S. 202–208)

75 Etwa eine Woche nach dem Tod von Johanns Vater sind die vier Freunde gemeinsam im Freibad. Als Frieder, Alma und Beate vom Fünfmeterturm springen wollen, taucht plötzlich der Bademeister auf, der sie nachts erwischt hatte.

a **Nenne** den Namen des Bademeisters. ______

b **Beschreibe**, was der Bademeister tut, als er die Jugendlichen im Schwimmbad wiedertrifft.

______

______

______

______

______

______

c Kreise die fünf Eigenschaften ein, die auf den Bademeister zutreffen.

dumm	hat einen Schlag	freundlich	unfair
wütend	nicht nachtragend	humorvoll	angeberisch
unverschämt	langweilig	hinterhältig	hilfsbereit

76 **Nenne** mindestens drei Hinweise, an denen man während des Schwimmbadbesuchs erkennen könnte, dass es Johann nicht gut geht.

1 ______

2 ______

3 ______

______

______

Kapitel 28 (S. 209–228)

77 „Als ich die Läden öffnete, sah ich Johann unten stehen.

‚Gott zum Gruße, Büchner', sagte er fröhlich. ‚Ich brauch das Heft.'" (S. 210)

a **Erkläre**, von welchem Heft Johann hier spricht.

b **Nenne** mindestens drei Dinge, über die sich Frieder bei Johanns kurzem Besuch wundern könnte. Sprich mit einer Arbeitspartnerin oder einem Arbeitspartner darüber.

8 Am Morgen erzählt der Großvater Frieder, dass der Tiger aus dem Tigergarten wieder gesund geworden ist. Der Großvater spricht in diesem Zusammenhang von „Koinzidenz".

Erläutere, was mit diesem Begriff gemeint ist. Beziehe dich dabei auf die Beispiele des Großvaters.

Tipp

„Erläutern" entspricht eigentlich dem Operator „erklären", enthält darüber hinaus aber noch den Aspekt, dass die Ergebnisse durch Zusatzinformationen und Beispiele veranschaulicht werden sollen. ■

9 „Heute Nachmittag um fünf im Steinbruch? Bring Alma mit. Wir könnten Fotos machen." (S. 211)
Johann schlägt Frieder ein Treffen mit den anderen im Steinbruch vor.

a Unterstreiche die Textstellen im Roman, in denen deutlich wird, welche Bedeutung …

1 der Steinbruch für Frieder und Johann hat,

2 das Fotografieren für die Freunde hat und was sie mit den Fotos tun.

b **Nenne** mindestens drei Motive, die die Jugendlichen fotografieren.

1

2

3

10 Während der Fotosession im Steinbruch wird der Bagger zwei Mal beschädigt.

Nenne jeweils die Art des Schadens am Bagger, wer ihn verursacht hat und wie die Jugendlichen das Problem lösen wollen.

a Ergänze die geforderten Informationen in der Tabelle.

Art des Schadens am Bagger	Verursacher(in) des Schadens	Lösungsidee(n)
linke Kette von den Rollen gesprungen/abgerutscht		• zuerst: weglaufen • dann:
	Frieder	

b Formuliere nun mithilfe der Informationen aus der Tabelle einen Antworttext für die Aufgabe.

____

____

____

____

____

____

____

____

____

81 Als die Jugendlichen vom Steinbruch flüchten wollen, fällt ihnen auf, dass sie etwas vergessen haben. **Nenne** den vergessenen Gegenstand.

Sie haben die ______________ im Steinbruch vergessen.

82 Johann verhält sich während des Besuchs im Steinbruch und direkt danach immer wieder sehr merkwürdig.

Belege diese Aussage anhand von geeigneten Zitaten.

Ergänze dazu in nachfolgenden Zitaten die fehlenden Begriffe mithilfe des Romans.

- „Er saß im ______________ in der Mitte des Platzes und rauchte. Sonst tat er nichts." (S. 216)
- „Er hatte mit einem Stock ______________ in den staubigen Felsboden ______________, die alle ineinander übergingen. Im ______________ Kreis saß er." (S. 216/217)
- „‚______________', sagte er. ‚So kann keiner meine ______________ lesen.'" (S. 217)
- „Irgendwie war er wirklich ______________ als sonst. [...] Er wirkte viel ______________. Ungewohnt, aber gut." (S. 217)
- „Johann war plötzlich wie ______________.
  ‚Ich hol sie', sagte er. ‚Fahrt ruhig schon los. Die können mich sowieso nicht ______________.'"
  (S. 220/221)
- „Johann aber war schon wieder auf dem ______________ nach unten. Es war, als ob er ______________ ginge. Er beeilte sich kein Stück. ______________ vor sich hin. Lachte." (S. 221)
- „Was habt ihr? ______________ kann uns sehen." (S. 222)
- „Er stieg auf und fuhr los. Drehte sich zu Alma um: ‚Gehen wir noch was ______________?' [...] Ich verstand nicht, was Johann hatte. Wie konnte er was trinken gehen wollen, wenn wir alle total ______________ waren und nach ______________ stanken?" (S. 222)

3 Da alle außer Frieder, der den Bagger bedient hat und darin geschützt war, voller Hydrauliköl sind, beschließen sie, sich in der leerstehenden Wohnung von Frieders und Almas Familie zu waschen. Johann kommt nicht mit, da es ihm egal ist, verdreckt nach Hause zurückzukehren.

Was passiert in der Wohnung von Frieders und Almas Familie? Bringe die Ereignisse in die richtige Reihenfolge, indem du sie entsprechend nummerierst.

	Beate betritt nach dem Duschen nur in Slip und in ein Handtuch gewickelt Frieders Zimmer.
1	In der Wohnung angekommen, äußert Alma lautstark ihre Wut auf Johann und Frieder.
	Schließlich erleben Frieder und Beate ihr erstes Mal miteinander.
	Danach nähern sich Frieder und Beate einander an und legen Musik auf.
	Dann gehen Frieder, Beate und Alma duschen bzw. waschen sich.
	Als Alma mit dem Duschen fertig ist, verlässt sie noch immer wütend die Wohnung, um in die Arbeit zu gehen.

Kapitel 29 (S. 229–235)

34 Frieder hat in Nanas Tagebuch eine Art Vertrag zwischen seinen Großeltern gefunden, in dem der Großvater zahlreiche Bedingungen stellt.

a **Nenne** die vier Punkte, die in diesem Vertrag festgehalten sind.

1 ______________________________

2 ______________________________

3 ______________________________

4 ______________________________

b **Begründe**, warum Nana diesen Vertrag trotz der harten Bedingungen unterschrieben hat. Ergänze im nachfolgenden Antworttext die fehlenden Verbindungswörter (Konjunktionen, Subjunktionen, Adverbien), um die Zusammenhänge zu verdeutlichen.

__________ Nana damals ein verarmter Ostflüchtling und eine Kriegswitwe mit Familie war, war ihre Situation nicht leicht. __________ es sehr viele hübsche Witwen, __________ durch den Krieg nur wenige geeignete Männer gab, zeigte Walther Interesse an Nana. __________ __________ wollte er ihre Familie nicht sehen. __________ bot er an, ein Haus mit einer extra Wohnung für Nanas Mutter und Kinder zu bauen. Ihrer Familie zuliebe ______________ weil sie so sehr in Walther verliebt war, ______________ sie viele Opfer auf sich genommen hätte, nahm sie sein Angebot trotz der harten Bedingungen an.

c Unterstreiche die Textstelle, in der deutlich wird, warum Walther mit Nana so eine harte Vereinbarung getroffen hat, obwohl er sie geliebt hat.

85 Walther wollte eigentlich nichts mit Nanas Kindern zu tun haben.

Nenne fünf Aspekte, wie Frieders Mutter Regine es dennoch geschafft hat, dass Walther sie respektiert und mag. Kreuze dazu die fünf zutreffenden Aspekte an.

- ☐ Walther war von ihrer ruhigen und liebenswerten Art begeistert.
- ☐ Er war beeindruckt, dass Regine einen so liebenswerten Sohn wie Frieder hat.
- ☐ Vielleicht hatte er Regines Stärke bewundert.
- ☐ Regine ist genauso kompromisslos wie er.
- ☐ Er fand es wohl gut, dass Regine nie aufgegeben hat.
- ☐ Überraschenderweise mochte Walther Regine von Anfang an.
- ☐ Ihre Strebsamkeit im Studium hat ihn an sich selbst erinnert.
- ☐ Ihm hat Regines Sturheit gefallen.
- ☐ Walther mochte Regines Organisationstalent sehr.

Schreibaufgabe zu Lese-Etappe 4

86  „Plötzlich war mir danach, der Familie einen Brief zu schreiben. Zu fragen, ob es allen gut ging. Ich schrieb an Ludwig. Der würde ihn den anderen vorlesen. Davon, wie es gewesen war, als Johann mich angerufen hatte. Ich war gerade beim Tiger, als es klopfte.“ (S. 191)

Nachdem Johanns Vater überraschend verstorben ist, hat Frieder das dringende Bedürfnis, sich bei seiner Familie zu melden. Er beginnt daher, Ludwig einen Brief zu schreiben, wird damit aber nicht fertig.

Entscheide dich wieder für die Schreibaufgabe mit dem für dich passenden Schwierigkeitsgrad.

> **Tipp**
> Wie sich Frieder bei **Johanns Anruf** gefühlt hat, erfährst du auf den Seiten 185–187. Weitere Informationen darüber, wie **Johanns Vater gestorben** ist, findest du auf Seite 190 im Roman. Das **Erlebnis beim Tiger** wird auf den Seiten 176–181 beschrieben. ■

a In diesem angefangenen Brief …

- fragt Frieder, ob es allen aus der Familie gut geht,
- beschreibt er, wie er sich gefühlt hat, als Johann angerufen hat,
- geht er darauf ein, wie es laut Johann war, als dessen Vater gestorben war,
- beginnt er damit, vom Erlebnis mit dem Tiger zu berichten.

Verfasse diesen angefangenen Brief von Frieder an seinen Bruder Ludwig. Gehe dabei auf alle genannten Punkte ein. Schreibe mindestens 80 Wörter.

 b Verfasse diesen angefangenen Brief von Frieder an seinen Bruder Ludwig (mind. 200 Wörter).

Lese-Etappe 5: Kapitel 30–32

Kapitel 30 (S. 236–249)

7 Johann verabredet sich mit Frieder, Alma und Beate auf dem Friedhof.

a **Nenne** den Grund, warum er sich mit den anderen dort treffen will.

____

____

b **Beschreibe**, wie die anderen auf Johanns Idee reagieren und inwiefern sie seinem Vorschlag nachgeben.

____

____

____

____

____

____

8 Nach dem Kauf des Grabs besorgen die vier Jugendlichen Bier, das sie auf dem Gelände einer verlassenen Brauerei trinken wollen. Dort unterhalten sie sich zuerst ein wenig.

a Fülle die Lücken im nachfolgenden Zitat mithilfe der Lektüre richtig aus.

„Er tippte lächelnd auf seine ______________________.

‚Es ____________ bald. Dann sieht's hier auch überall so aus. Die Pershings. Steht alles ____________ drin. Aber wir sind vorbereitet.'

Alma nickte. Wir waren zusammen auf der Demo gegen die ______________ gewesen. Ich deutete auf Johanns Aktentasche.

‚____________ Wissen?', fragte ich spöttisch.

‚Du kriegst es nicht, oder?', fragte Johann mich in diesem Ton, als ob er alles wüsste und könnte. Er holte eine ____________ aus der Tasche und biss hinein. In die ____________, einfach so. Beate lachte. Alma hob bloß die Augenbrauen, sagte aber nichts. ____________ verzog das Gesicht und schleuderte die Zitrone über den Zaun.

‚Im ______________ meines Vaters steht das alles. Ich hab's gelesen. Alles ____________ den Zeilen. Er war ganz ____________ da drin. […] Richtig tief. Und wir sind im Arsch. Die ______________ sind schon überall.'" (S. 244)

> **info**
>
> Die **MGM-31 Pershing** waren Raketen mit Atomsprengköpfen, die aus der Zeit des Kalten Krieges stammten. Während der Friedensbewegung in den 1980er-Jahren wurde gegen die Stationierung und die regelmäßigen Transporte der Raketen protestiert. ■

b Kreuze alle Aussagen an, die sich aus der genannten Textstelle ableiten lassen.

- ☐ Johann ist der Meinung, dass bald ein Raketenangriff, der alles zerstört, bevorsteht.
- ☐ Johann scheint in seiner Aktentasche Informationen über die Pershings dabei zu haben.
- ☐ Johann hat Angst vor dem Angriff und fühlt sich ihm hilflos ausgeliefert.
- ☐ Johann glaubt, auf diesen Raketenangriff vorbereitet zu sein.
- ☐ Johann ist der Meinung, dass sein Vater viel mit den Raketen oder dem Angriff zu tun hatte.
- ☐ Johann trägt in Gedenken an seinen Vater dessen Lieblingsobst, Zitronen, mit sich herum.
- ☐ Johann verhält sich merkwürdig, als er einfach in die Schale einer Zitrone beißt.
- ☐ Johann denkt, dass sein Vater in seinem Testament eine Art geheime Botschaft versteckt hat.

89 Als die Jugendlichen im heruntergekommenen Fabrikgebäude sind, rastet Johann plötzlich aus und wirft Bierflaschen gegen die Wand. Während seines Ausrasters sagt er einige überraschende und ungeheuerliche Dinge zu den anderen.

a Suche dir drei weitere Gruppenmitglieder und spielt gemeinsam die Szene in der Brauerei nach (ab S. 245 unten „Ist das meine Flasche?“ bis Kapitelende).

Geht dabei folgendermaßen vor:

- Unterstreicht zuerst im Text auf den Seiten 245–249 alle **wörtlich gesprochenen Passagen** leicht mit Bleistift.
- Markiert anschließend die **wörtliche Rede farbig**, abhängig davon, wer gerade spricht. Verwendet folgende Farben: Blau (Johann), Schwarz (Frieder), Rot (Alma), Grün (Beate)
- **Verteilt** dann **die vier Rollen** untereinander. Die älteste Person liest den Text von Frieder, die zweitälteste den von Beate, die jüngste den von Johann und die zweitjüngste den von Alma. Achtet auch darauf, dass ihr euren Text passend betont.

Tipp

Achtet darauf, **wie** der Text gelesen werden muss, wer wann wen anspricht, wo Pausen gemacht werden sollen oder es sonstige Besonderheiten gibt. ■

b Markiere nun die Textstellen im Buch, in denen Nachfolgendes deutlich wird, und schreibe die entsprechenden Stichworte an den Rand daneben.

1. Johann ist seit vielen Jahren in Alma verliebt. → *Johann liebt Alma*
2. Weder Alma noch Frieder wussten von Johanns Liebe für Alma. → *Unwissen*
3. Alma erwidert Johanns Liebe nicht, sondern hat nur freundschaftliche Gefühle für ihn. → *freundschaftliche Gefühle*
4. Johann sieht den Grund dafür, dass er keine Chance bei Alma hat, darin, dass die Geschwister Alma und Frieder angeblich miteinander schlafen würden. → *Grund für Almas Unerreichbarkeit: Geschwister schlafen miteinander*
5. Johann glaubt, den Beweis irgendwann im Zeltlager gehört zu haben. → *Beweis im Zeltlager*
6. Frieder und Alma streiten den Vorwurf ab. → *Abstreiten Frieder/Alma*
7. Beate glaubt Johanns Behauptung, weil ihr das Verhältnis zwischen Frieder und Alma schon immer ungewöhnlich eng erschien. → *Beate glaubt es*
8. Beate und Frieder gehen im Streit auseinander. → *Streit Beate und Frieder*
9. Nachdem Beate, Alma und Frieder aus der Fabrik gestürmt sind, verhält sich Johann weiterhin sehr seltsam, indem er Bierflaschen auf die Straße wirft. → *Johanns seltsames Verhalten*

Kapitel 31 (S. 250–253)

0 Alma und Frieder sprechen in ihrem Stammcafé noch über das gerade in der Brauerei erlebte.

a **Nenne** jeweils die Frage, die Alma und Frieder am meisten beschäftigt.

Alma: ______________________________

Frieder: ______________________________

b Wie könnten die Antworten auf die Fragen lauten? Stelle im Gespräch mit einer Arbeitspartnerin oder einem Arbeitspartner Vermutungen dazu an.

c Welche mögliche Erklärung finden Alma und Frieder für Johanns Verhalten? Zitiere die Textstelle, die eine Antwort auf diese Frage liefert.

____

____

1 Gemeinsam fahren Frieder und Alma noch in die Wohnung der Familie, um ein paar Dinge zu holen. Dort erwartet Frieder eine weitere böse Überraschung.

Tipp

Beim Operator „**darstellen/darlegen**" sollen z. B. Zusammenhänge, Entwicklungen, Meinungen oder Probleme neutral wiedergegeben werden. ■

a **Lege** kurz **dar**, um welche böse Überraschung es sich handelt.

____

____

____

____

____

____

____

b „Was machen wir jetzt?" (S. 253)

Alma und Frieder gehen mehrere Ideen durch den Kopf, wie sie mit der Situation umgehen könnten. Die meisten verwerfen sie aber gleich wieder oder sind nicht ernst gemeint.

Kreuze alle Ideen an, die im Text angedeutet werden.

- ☐ Sie könnten dem Großvater etwas von der Sache mit dem Bagger erzählen.
- ☐ Sie könnten sich umbringen.
- ☐ Sie könnten den Besitzer des Steinbruchs kontaktieren und sich entschuldigen.
- ☐ Sie könnten ihrer Mutter schreiben, was vorgefallen ist.
- ☐ Sie könnten erst abwarten, ob auch die anderen Post von der Polizei bekommen haben.
- ☐ Sie könnten alle ihr Geld zusammenlegen, um den Schaden am Bagger zu bezahlen.

c Markiere bei Teilaufgabe b die Idee farbig, für die sie sich am Ende entscheiden.

Kapitel 32 (S. 254–270)

92 Auf dem Weg zum Grab kommt der erwachsene Ich-Erzähler an den Grabstellen seiner Großeltern vorbei. Nanas Grabstein ist mit einem von ihr gestalteten Mosaik eines tanzenden Paars geschmückt. Der Ich-Erzähler kennt das Motiv auch von anderer Stelle, weiß aber nicht mehr, woher.

Tipp

Überfliege dazu noch einmal Kapitel 29 (S. 229–235). Dort wird ein ähnliches Motiv erwähnt. ■

Gib wieder, woher der erwachsene Ich-Erzähler das Motiv des tanzenden Paars vermutlich kennt. **Belege** deine Aussage mithilfe eines entsprechenden Zitats aus der Lektüre.

93 Am Tag nach dem Desaster in der alten Brauerei versucht Frieder auf unterschiedlichen Wegen Kontakt zu Beate, Alma und Johann aufzunehmen.

Trage stichpunktartig in die Tabelle ein, wie er zu wem Kontakt aufnimmt und wie diese Kontaktversuche ablaufen.

Mit wem?	Wie?	Ablauf
Beate		
Johann		
Alma		

4 Frieder hat seinen Dienst in der Klinik verpasst und besucht stattdessen Johann zu Hause.

a Beende die folgenden Sätze passend zur Lektüre.

1 Als Frieder bei Johann zu Hause ankommt, fällt ihm an Frau Lohmann auf, dass ______

______

2 Frau Lohmann überlegt, den Notarzt zu rufen, weil ______

______

b **Nenne** mindestens vier Dinge, die Frieder wahrnimmt, als er Johanns Zimmer betritt.

1 ______

2 ______

3 ______

4 ______

______

______

5 „Die **Sanyasin** sahen ihm freundlich zu. Mussten sie vielleicht. War vermutlich Teil ihrer Religion. Aber dann griff Johann in seine Tasche und verteilte Zitronen an sie. Ich hörte nicht genau, was er sagte, aber die **Bhagwan**-Typen schauten sehr skeptisch, als Johann in seine Zitrone biss, ohne sie vorher zu schälen.“ (S. 259/260)

Informiere dich im Internet darüber, wer „Sanyasins“ sind und was es mit der „Bhagwan-Bewegung“ auf sich hat. Lies dir z. B. folgenden kurzen Wikipedia-Artikel durch:
https://de.wikipedia.org/wiki/Neo-Sannyas

6 Bereite den Text auf den Seiten 263 bis 265 (ab „Als wir endlich in den Kastellgarten kamen …“) für ein sogenanntes **Schwarmlesen** vor.

Gehe dabei folgendermaßen vor:

a Unterstreiche zuerst Textstellen/Worte, die deiner Meinung nach bedeutsam sind, z. B. Textstellen, die Hinweise darauf geben, dass es Johann psychisch nicht gut geht oder er sich in Lebensgefahr befindet.

Entscheide beim Unterstreichen, ob die Textstelle/das Wort **eher laut, leise** oder vielleicht sogar **geflüstert** gelesen werden müsste. Unterstreiche entsprechend zart oder fest.

Beispiel:
„Johann war mit seinem Schirm einfach auf eine der riesigen Schießscharten für die Kanonen hinuntergesprungen und stand jetzt völlig unbefangen auf der leicht mit Moos bewachsenen Schräge. Vor ihm gab es eine völlig ungesicherte Kante und da ging es ungefähr sechzehn Meter runter.“ (S. 263)

Tipp

Beim „**Schwarmlesen**“ liest eine Person, z. B. die Lehrkraft, einen Text **besonders langsam** vor und die anderen lesen an Textstellen, die ihnen **inhaltlich bedeutsam** vorkommen, entweder laut oder leise mit. ■

b Findet eine Freiwillige oder einen Freiwilligen, die oder der bereit ist, den Text **sehr langsam laut vorzulesen**.
Das heißt, dass die Vorleserin oder der Vorleser alles langsam liest und der Rest der Klasse an manchen Stellen mitliest bzw. ins Lesen mit einstimmt. Es müssen nicht immer alle an den gleichen Stellen mitlesen, es haben ja vermutlich auch nicht alle die gleichen Stellen unterstrichen.

Beispiel:
„‚Mir kann nichts passieren‘, sagte Johann. ‚Steht in den Prophezeiungen. [...]‘“ (S. 263)

„‚Mir kann nichts passieren‘, sagte Johann. ‚Steht in den Prophezeiungen. [...]‘“

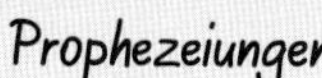

97 Johann bricht plötzlich in die Innenstadt auf, sodass Frieder ihm nur mit Mühe folgen kann. Im Laufe des restlichen Tages verhält sich Johann immer besorgniserregender.

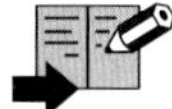

a **Nenne** mindestens acht dieser besorgniserregenden Verhaltensweisen.

b **Skizziere**, wie Frieder und Alma vorgehen, um Johann in dieser Ausnahmesituation zu helfen. Bringe dazu die Ereignisse in die richtige Reihenfolge, indem du sie entsprechend nummerierst.

	Frieder und Alma beschäftigen Johann an der Tankstelle, bis ein Krankenwagen und der Großvater eintreffen.
	Alma behauptet, sie würde Johann lieben, um ihn von einer gefährlichen Stelle auf dem Kastell wegzulocken.
	Alma lockt Johann in die Tankstelle, während Frieder den Großvater anruft.
	Alma und Frieder bieten an, in Zitronen zu beißen, um Johann zu beweisen, dass sie nicht zu „denen“ gehören.
	Frieder schlägt vor, Zitronen in einer Tankstelle zu besorgen, um von dort aus Hilfe zu holen.

98 Mit Gewalt können die Sanitäter Johann, der wirre Dinge von sich gibt und flüchten will, festhalten und abtransportieren. Alma und Frieder sind angesichts der Situation fassungslos.

Gib wieder, welche Erklärung der Großvater den beiden für Johanns Verhalten liefert. Gehe auch darauf ein, wie sich die Krankheit üblicherweise entwickelt.

Vervollständige dazu den Antworttext inhaltlich richtig.

Tipp

Wenn du selbst in einer seelischen Krise steckst oder du dir große Sorgen um eine andere Person machst, kannst du dich **rund um die Uhr kostenfrei** bei der **TelefonSeelsorge** unter der Nummer +49 (0)800 111 0 111 oder bei **akuter Lebensgefahr** beim **Rettungsdienst** 112 melden. ■

Gehirn • nicht vollständig geheilt • Verfolgungswahn • Selbstüberschätzung • sein Vater • guter Laune • Soldaten • ausgehalten • chronisch • 25 Prozent • stressbedingte Psychose

Laut Großvater Walther hat Johann eine ______________________________ entwickelt, nachdem ____________________ gestorben ist. Etwas Ähnliches kennt Walther auch von ______________, die z. B. den Beschuss oder den Verlust eines Kameraden nicht ______________ haben. Das ______________ kann dann mit so einer Psychose reagieren. Häufig beginnt diese mit einer sogenannten Manie, also unverhältnismäßig ____________________, ______________ ______________ bis hin zu Wahnvorstellungen. Anschließend folgt oft eine Phase, die durch Ängste und ____________________ geprägt ist. Die Chance, dass Johann ganz gesund wird und nie wieder eine Psychose entwickelt, liegt bei nur ca. ______________. Meistens kommt eine Psychose aber alle paar Jahre wieder und wird im schlimmsten Fall sogar ______________, bleibt also sehr lange oder kann ______________________________ werden.

Schreibaufgabe zu Lese-Etappe 5

9  „Als wir nach oben kamen, hatte Nana uns Kakao gekocht. [...] Ich kriegte das Bild nicht aus dem Kopf, wie sie Johann niedergekämpft und gefesselt hatten. Vielleicht war es ja richtig gewesen, aber Alma und ich fühlten uns wie feige Verräter." (S. 270)

Während Alma und Frieder noch ihren Kakao trinken, unterhalten sie sich über die aufwühlenden Ereignisse des Tages sowie ihre Gedanken und Gefühle.

Wähle wieder die Schreibaufgabe mit dem für dich passenden Schwierigkeitsgrad aus.

a Sie sprechen über ...
- Johanns merkwürdiges Verhalten an diesem Tag,
- die Situation, als Johann gewaltsam von den Sanitätern abtransportiert wurde,
- ihr Gefühl, feige Verräter zu sein.

Vervollständige nachfolgenden Gesprächsanfang.
Gehe auf alle genannten Punkte ein und schreibe mindestens 80 Wörter.

So könnte das Gespräch beginnen:

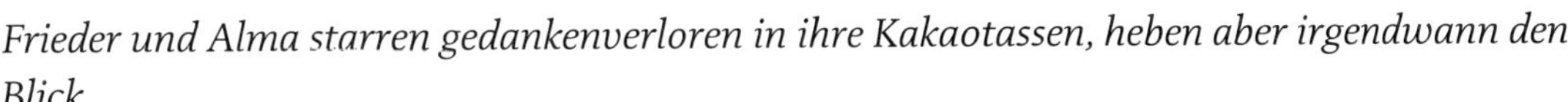

Frieder und Alma starren gedankenverloren in ihre Kakaotassen, heben aber irgendwann den Blick.

ALMA: Ich kann einfach nicht fassen, was heute passiert ist ...

FRIEDER: Ich habe Johann noch nie so erlebt. Er war so ... anders, so fremd. Das hat mir Angst gemacht.

ALMA: Ich weiß, was du meinst. Wie er auf der Mauer des Kastells herumgesprungen ist und irgendwas von Prophezeiungen und Satellitenstrahlungen gefaselt hat.

FRIEDER: ...

 b Verfasse dieses Gespräch zwischen Alma und Frieder (mindestens 250 Wörter).

Lese-Etappe 6: Kapitel 33–41

Kapitel 33 (S. 271–278)

100 In der Woche nachdem Johann vom Krankenwagen abgeholt und in eine psychiatrische Klinik gebracht wurde, besucht Frieder Frau Lohmann. Er selbst darf nicht zu Johann.

Gib in ein bis drei Sätzen **wieder**, wie der Besuch abläuft.

101 Obwohl Frieder eigentlich nicht mit dem Großvater über die Geschichte mit dem Bagger reden wollte, tut er es doch.

a **Erkläre**, warum Frieder schließlich doch mit ihm spricht.

b **Beschreibe**, wie der Großvater auf Frieders Geschichte mit dem Bagger reagiert.

c „‚[…] Du hättest eher kommen sollen. Wieder einmal.‘
Die letzten zwei Worte trafen mich richtig.“ (S. 277)

Erkläre, warum Frieder diese Worte vermutlich so sehr treffen.
Sprich mit einer Arbeitspartnerin oder einem Arbeitspartner darüber.

d Der Großvater hat sich offenbar der Angelegenheit mit dem Bagger angenommen und Erkundigungen eingeholt.

Unterstreiche die Textstelle im Buch, in der deutlich wird, was auf dem Zettel steht, den der Großvater Frieder reicht, und woher die Polizei wusste, dass Frieder etwas mit dem zerstörten Bagger zu tun hat.

Kapitel 34 (S. 279–282)

102 Frieder hat vom Großvater die Adresse von Herrn Pöhlmann, dem Inhaber des Steinbruchs, bekommen und fährt zu ihm, um mit ihm zu reden.

Skizziere, wie das Zusammentreffen abläuft.

Kapitel 35 (S. 283–286)

3 a **Erkläre**, warum Frieder und Nana mitten im Sommer Marzipan herstellen.

b „‚Von meiner Großmutter. Danziger Rezept.' Sie lachte wie in Erinnerung. ‚Lübecker Marzipan hätte kein Danziger jemals angerührt.'" (S. 285)

Was lässt sich aus diesem Zitat herauslesen? Kreuze an.

- ☐ Nanas Großmutter stammte aus Danzig.
- ☐ Nanas Großmutter war Konditorin und wusste daher, wie man das beste Danziger Marzipan herstellt.
- ☐ Nanas Großmutter und vielleicht auch sie selbst sind stolz darauf, aus Danzig zu sein und besonderes Marzipan herstellen zu können.
- ☐ Danzig und Lübeck scheinen aufgrund des Marzipans in Konkurrenz zu stehen.

Kapitel 36 (S. 287–290)

4 Frieder darf Johann zum ersten Mal in der geschlossenen Abteilung der psychiatrischen Klinik besuchen.

Nenne drei Dinge, die Frieder in der Klinik und an Johann auffallen.

1

2

3

Kapitel 37 (S. 291–298)

5 Frieder will gerade zu Beate aufbrechen, um zum ersten Mal wieder mit ihr zu sprechen, als er vor dem Haus seinem Großvater begegnet, der gerade von einer kurzen Geschäftsreise zurückkehrt.

Was verspricht Frieder seinem Großvater in dem Moment? Unterstreiche die Textstelle im Buch, die eine Antwort auf die Frage liefert.

106 Wie verläuft Frieders Versöhnungsbesuch bei Beate?

Skizziere, ...

1. wie es trotz Beates anfänglicher Ablehnung doch zu einem Gespräch zwischen den beiden kommt und
2. wie die Unterhaltung zwischen den beiden dann verläuft.

Kapitel 38 (S. 299–301)

107 Frieder begrüßt seine Familie, die gerade aus dem Urlaub zurückgekehrt ist und das Auto entlädt.

a Was teilt Frieder der Familie in Bezug auf den Aufenthalt beim Großvater mit? Antworte in ein bis zwei Sätzen.

b **Erkläre**, woran man merkt, dass Frieders Mutter trotz ihrer strengen Art und des Befehlstons während der Ankunft der Familie eine gute und liebevolle Mutter ist.

Kapitel 39 (S. 302–307)

108 „,Sie dürfen anfangen', sagte der Schwarz, ohne auf die Uhr zu sehen, aber natürlich war es genau acht." (S. 304)

Es ist September, die Sommerferien sind fast zu Ende und der Tag der Nachprüfung ist gekommen. Kurz bevor Frieder das erste Aufgabenblatt umdreht, gehen ihm wahrscheinlich noch zahlreiche Gedanken durch den Kopf.

Formuliere mindestens sechs unterschiedliche, kurze Gedanken.

1 Schön, dass Alma, Kolja und Beate da waren, um mir Glück zu wünschen.

2 Johann fehlt mir. Er wäre heute normalerweise auch da gewesen.

109 „Durch das andere Fenster gegenüber sah man – ganz klein – den Steinbruch. Ich bildete mir ein, einen gelben Fleck zu sehen. **Meinen** Bagger, der mich noch eine Menge Arbeit kosten würde." (S. 306)

Nach der Prüfung verbringen Alma, Beate und Frieder einen schönen Nachmittag miteinander und gehen auf den Geschützturm des Kastells. Von dort aus kann man die Gegend überblicken.

a **Erkläre**, worauf Frieder hier anspielt. Gehe auch darauf ein, warum er hier das Personalpronomen „[m]einen“ verwenden könnte.

b Oben auf dem Turm erzählt Beate, dass sie von ihrem Vater für sechs Wochen nach Brasilien eingeladen und dafür von der Schule befreit wurde. Frieder hat bei dem Gedanken an die lange Trennung ein ungutes Gefühl, aber Beate verspricht wiederzukommen.

Unterstreiche die Textstellen im Buch, in denen dies deutlich wird.

Kapitel 40 (S. 308–310)

Am letzten Abend bei den Großeltern sitzt Frieder mit ihnen gemütlich auf der Terrasse, als das Telefon klingelt.

a **Wer** ruft **wen warum** an? Ergänze die fehlenden Informationen in der Tabelle.

Wer?	Wen?	Warum?
Johann		• ______ • ______ • Frieder soll das Nullerheft mitbringen.

b Weil Johann am Telefon wieder vom Nullerheft spricht, ist Frieder beunruhigt und will vom Großvater wissen, wie lange eine Psychose üblicherweise dauert.

Trage die entsprechenden Zahlen in die Lücken ein.

Mithilfe des Einsatzes von Medikamenten dauert die Behandlung einer Psychose ungefähr ____ Wochen bis ____ Monate.

c Der Großvater erkundigt sich bei Frieder, wie es Johann geht. Was hält der Großvater in diesem Zusammenhang für ein gutes Zeichen? Beende den folgenden Satz passend zur Lektüre.

Der Großvater hält es für ein gutes Zeichen, dass ______________________.

1 Beantworte nachfolgende Fragen jeweils in einem Satz.

a Was schenkt Nana Frieder an diesem Abend?

____

b Für welche beiden Sachen bedankt sich Frieder bei Nana?

____

c Was beobachtet Frieder vom Balkon aus?

____

____

Kapitel 41 (S. 311–317)

112 Die Ergebnisse der Nachprüfung werden am ersten Schultag vor dem Unterricht im Lehrerzimmer bekannt gegeben.

a Mit welchen Noten hat Frieder die Nachprüfung bestanden? Trage jeweils die Note in den grauen Kasten ein.

Mathe: ☐ Latein: ☐

b Was entdeckt Frieder im Lehrerzimmer hinter dem Stuhl von Herrn Schwarz? Beende den Satz inhaltlich richtig.

Frieder entdeckt hinter seinem Mathelehrer Herrn Schwarz ______________________

______________________.

c Nachdem Frieder diese Entdeckung gemacht hat, kann er offenbar nicht anders, als Herrn Schwarz zu sagen, was er von ihm hält. Zitiere den Satz, den Frieder zu ihm sagt.

____

113 Frieder darf in seine alte Klasse zurückkehren, und sucht für sich und Johann, der nicht da ist, einen Platz aus. In der Deutschstunde sollen sie ein Sonett über die Ferien verfassen.

a Informiere dich im Internet darüber, was ein „Sonett“ ist.
Sieh dir dazu z. B. folgendes Video an: *https://studyflix.de/deutsch/sonett-2923*

b Wie nennt Frieder sein Sonett? Trage den Titel in die Lücke ein.

Frieder nennt sein Sonett „______________________“.

c Warum könnte Frieder seinem Sonett diesen Namen gegeben haben? Sprich mit einer Arbeitspartnerin oder einem Arbeitspartner darüber.

114 Nach der Schule treffen sich die vier Freunde wie vereinbart am Friedhof. Formuliere entweder die fehlende Antwort oder Frage.

1 **Frage:** ______________________

Antwort: Johann hat durch die Medikamente zugenommen und spricht noch etwas langsamer als üblich, wirkt ansonsten aber wieder fast wie früher.

2 **Frage:** Warum wollte Johann, dass Frieder das Nullerheft mitbringt?

Antwort: ______________________

____

____

____

3 Frage: ______________________________

____

Antwort: Alma möchte dies vielleicht noch einmal klarstellen, damit sie und Johann wieder wie früher Freunde sein können. Sie sagt es wohl auch, damit es nicht zu Missverständnissen kommt, wenn sie z. B. freundschaftlich seine Hand nimmt.

4 Frage: Was schenkt Frieder Beate zum Abschied?

Antwort: ______________________________

____

5 „‚Ich muss noch mit dir im Fluss schwimmen', sagte sie. ‚Bis dahin musst du auf mich warten.' ‚Ja', sagte ich wie erlöst. ‚Wir springen zusammen rein.'" (S. 316)

a **Erkläre**, warum sich Frieder vermutlich nach Beates Aussage wie erlöst fühlt.

____

____

____

____

b Beate und Frieder haben ihr Versprechen offenbar wahr gemacht und sind nach Beates Brasilienaufenthalt zusammengeblieben und gemeinsam im Fluss geschwommen. Unterstreiche die Textstelle, in der dies deutlich wird.

Schreibaufgabe zu Lese-Etappe 6

6 „Sechs Wochen: Das war einmal Sommerferien. Das war verdammt lang. Ich dachte an den Jungen in den Alpen." (S. 306)

Frieder hat ein ungutes Gefühl, als Beate ihm am Tag seiner Nachprüfung mitteilt, dass sie von ihrem Vater für sechs Wochen nach Brasilien eingeladen wurde. Als sie ihm das sagt, schießen ihm zahlreiche Gedanken durch den Kopf.

Entscheide dich wieder für die Schreibaufgabe mit dem für dich passenden Schwierigkeitsgrad.

a Frieder …
- hat Angst, Beate zu verlieren,
- denkt an den Jungen, den Beate im Urlaub in den Bergen kennengelernt hat,
- versucht sich selbst zu beruhigen,
- hat aber auch Verständnis dafür, dass Beate die Chance ergreift, zu ihrem Vater nach Brasilien zu reisen.

Verfasse Frieders Gedanken und gehe dabei auf alle genannten Punkte ein. Schreibe mindestens 80 Wörter.

b Verfasse Frieders **inneren Monolog** (mindestens 200 Wörter).

D Nach dem Lesen: Textkenntnis vertiefen und überprüfen

Figuren und Figurenkonstellation

117 TEST Die Abbildung zeigt dir noch einmal auf einen Blick, welche Figuren im Roman „Der große Sommer“ eine Rolle spielen und in welcher Beziehung sie zueinander stehen.

Sieh dir aufmerksam an, welche Informationen vorgegeben sind, und trage dann die Namen der Figuren in die passenden Kästchen ein.

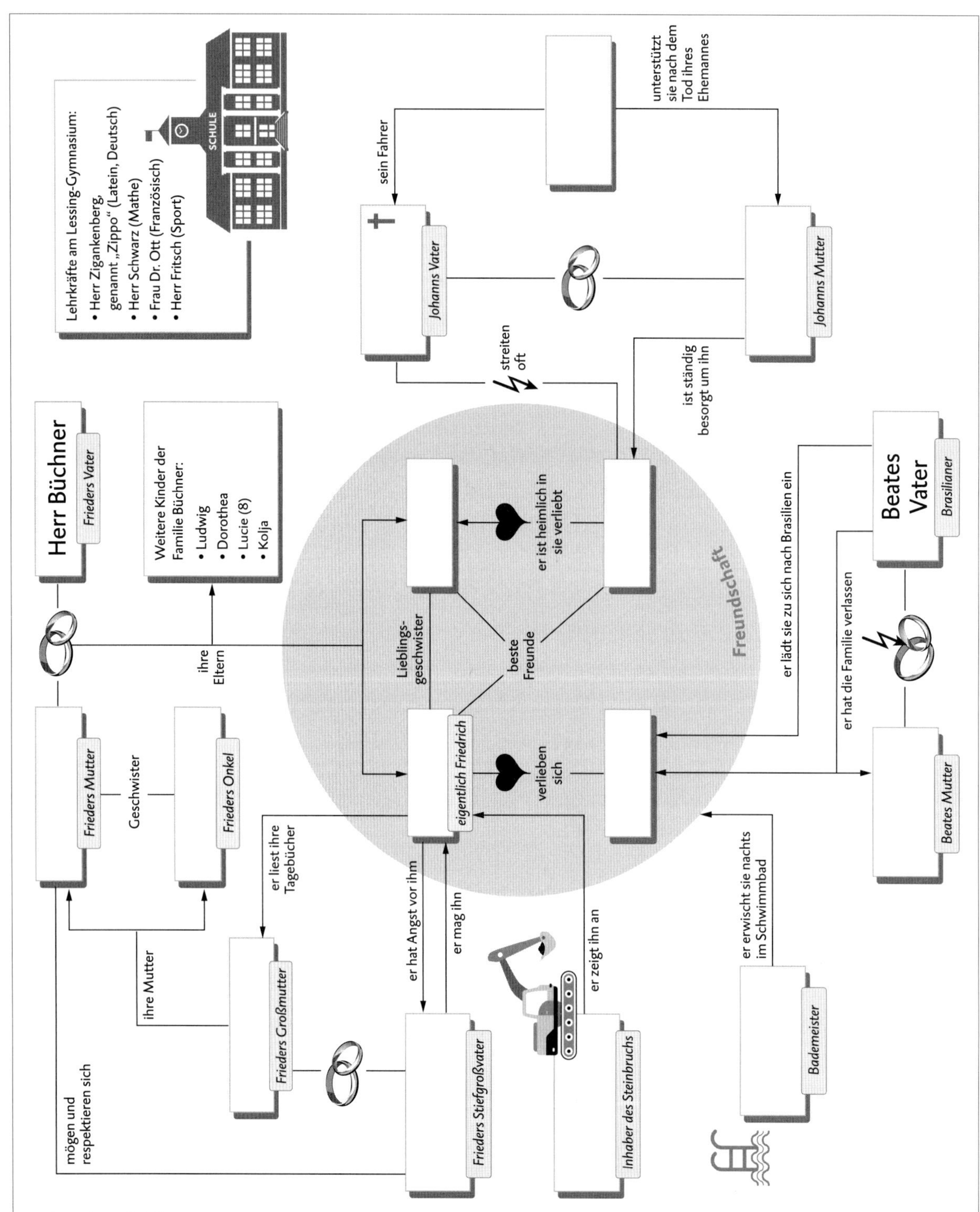

Selbsttest: Textkenntnis überprüfen

3 Trage ein, auf welche Figur des Romans die jeweilige Aussage zutrifft.

Figur	Aussage
	Diese Person hat sich zu Hause im Flur eine Miniwerkstatt in einem Schrank eingerichtet (vgl. S. 16), trinkt gern Kirschbananensaft und kann sehr vulgär sein (vgl. S. 47/48).
	Diese Person nimmt jeden Tag ein kaltes Bad, wechselt das Wasser nur einmal pro Woche und verwendet Stücke einer Zeitung anstatt Toilettenpapier (vgl. S. 125). Mit anderen ist sie sehr streng und stellt klare Regeln auf, erlaubt der Katze aber alles (vgl. S. 84).
	Diese Person hat erst den Respekt von Walther erlangt und dann seine Zuneigung. Ihre Stärke und ihr gut erzogener Sohn haben ihn beeindruckt (vgl. S. 234).
	Diese Person hatte, nachdem sie von ihrem Expartner verlassen wurde, nur einmal einen Freund, mit dem sich ihre Tochter gar nicht verstanden hat (vgl. S. 145).
	Diese Person hat in München Kunst studiert und ihren zweiten Ehemann kennengelernt, als sie wegen einer Nierenbeckenentzündung im Krankenhaus war (vgl. S. 64, S. 152).
	Diese Person hat oft Angst vor Dingen, z. B. von einem großen Hund gebissen zu werden, bis sie Wirklichkeit werden. Dann verliert sie die Angst (vgl. S. 12).
	Diese Person hat eine Fotowand mit fast allen Filmen, die sie gesehen hat, in ihrem Zimmer und hört sehr gern Bossa-Nova-Musik (vgl. S. 163–166).
	Diese Person bekommt es nie ab, wenn sie in der Schule etwas mit Frieder anstellt, was sie aber ärgert, da sie nicht für spießig gehalten werden will (vgl. S. 38). Sie wächst in einem vermögenden Elternhaus auf, greift aber in die Haushaltskasse der Eltern (vgl. S. 86–88).
	Diese Person hat etwas mit dem Herzen, arbeitet für eine Bank, ist sehr aufbrausend, beruhigt sich dann aber auch schnell wieder (vgl. S. 86/87).
	Diese Person ging als junger Mensch sehr oft zu den Elefanten in den Tiergarten und stellte sich dann vor, eines Tages mit den eigenen Kindern in den Zoo zu gehen (vgl. S. 182).
	Diese Person unterrichtet Mathe, lächelt nie, trägt immer einen von zwei Anzügen und besitzt eine Taschenuhr. Dennoch hat Frieder echten Respekt vor ihr (vgl. S. 33/34).
	Diese Person ist die einzige, die der Mutter beim Packen helfen darf. Sie versteht sich ohne Worte mit Frieder und ist mit der Schwester Dorothea sehr eng verbunden (vgl. S. 56).
	Diese Person ist laut Frieder sehr nett und immer etwas besorgt um ihren Sohn (vgl. S. 87).
	Der Vater dieser Person stammt aus Brasilien und hat die Familie verlassen, als die Tochter 2 ½ Jahre alt war (vgl. S. 144/145).
	Diese Person unterrichtet Französisch, besitzt eine natürliche Autorität und in ihrer Welt kommt es nicht vor, dass jemand die Hausaufgaben vergisst (vgl. S. 21/22).
	Diese Person arbeitet als Fahrer für Johanns Vater und steht Johanns Mutter nach dem plötzlichen Tod ihres Mannes bei (vgl. S. 86/87, S. 188).
	Diese Person scheint nicht zu wissen, wie man den eigenen Kindern Zuneigung zeigt, ist richtig klug, hat in der Familie aber kaum etwas zu entscheiden (vgl. S. 57).
	Diese Person hat Angst, am Meer Wasser in die Augen zu bekommen, weil Frieder nicht da ist, um sie zu beschützen, und will daher eine Taucherbrille mitnehmen (vgl. S. 50).

119 Löse das Kreuzworträtsel mithilfe deiner Textkenntnis zur Lektüre.

1. In welchen Fächern muss Frieder die Nachprüfung schreiben? → *Mathe und ???*
2. Welche Farbe hat laut Frieder der Badeanzug, den Beate bei ihrer ersten Begegnung trägt?
3. Wie heißt das Stammcafé von Frieder, Alma und Johann?
4. Was hat Frieder heimlich gelesen und bekommt deswegen großen Ärger mit Nana? → *Nanas ???*
5. Wie heißt die Musikrichtung, die Frieder durch Beate kennen- und lieben lernt? → *??? Nova*
6. Wo arbeitet Großvater Walther? → *im Bakteriologischen ???*
7. In welchem Land liegt Frieders Sehnsuchtsort Rio de Janeiro und woher stammt Beates Vater?
8. Was kaufen sich Frieder, Johann, Alma und Beate gemeinsam? → *ein ???*
9. Was machen die vier Jugendlichen im Steinbruch kaputt? → *einen ???*
10. Wie nennen Johann und Frieder das Heft, in das sie die längste Zahl der Welt schreiben?
11. In welches ungeschälte Obst beißt Johann immer wieder, weil er glaubt, dass das Strahlung neutralisiert? → *in eine ???*
12. Wo befinden sich Alma, Frieder und Johann, als Johann von den Sanitätern überwältigt und in die Klinik gebracht wird? → *vor einer ???*
13. Wie heißt die psychische Erkrankung, an der Johann nach dem Tod seines Vaters leidet? → *stressbedingte ???*
14. Welche Weihnachtssüßigkeit stellt Frieder her und bringt sie Beate als Versöhnungsgeschenk mit? → *???-kartoffeln*

Lösungswort: 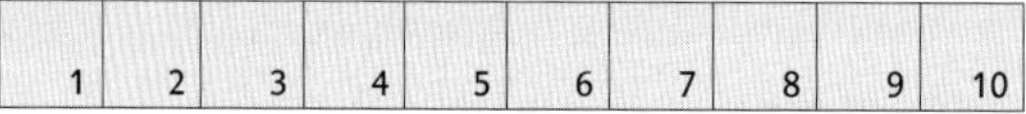

1	2	3	4	5	6	7	8	9	10

assoB • barG • nürgnehcsalf • enortiZ • tutitsnI • nietaL • neilisarB • napizraM • esohcysP • rehcübegaT • elletsknaT • reggaB • muablepmeT • tfehrelluN •

E Vorbereitung auf die Abschlussprüfung

Tipps und Hinweise für die Prüfung

Die schriftliche Abschlussprüfung im Fach Deutsch besteht aus einem Pflichtteil (Teil A1 und A2) und einem Wahlteil (Teil B).
Deine Kenntnisse zur Lektüre musst du im **Pflichtteil A2** unter Beweis stellen. Dafür kannst du insgesamt **25 Punkte**, also **ein Viertel aller Punkte** bekommen. Plane also auch ca. **ein Viertel der Bearbeitungszeit** dafür ein (HS: **45 Min.** von 180 Min.; WRS/RS: **60 Min.** von 240 Min.).

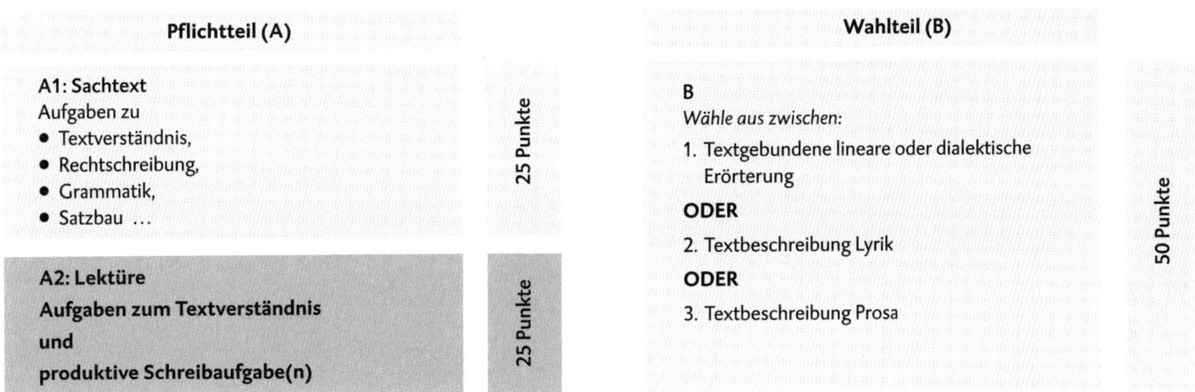

Rechnen musst du demnach im Pflichtteil A2 mit …

- **Aufgaben zum Textverständnis** und Textzusammenhang, in denen dein Wissen über den Inhalt, die verwendete Sprache, verschiedene übergeordnete Themen usw. abgefragt wird, sowie mit
- **produktiven Schreibaufgaben**, z. B. dem Verfassen eines kurzen Briefs, eines Tagebucheintrags, der Gedanken einer Person bzw. eines inneren Monologs oder eines Gesprächs.

Zur Bearbeitung des Pflichtteils A2 darfst du dein **eigenes Exemplar der Prüfungslektüre** verwenden. Darin dürfen **Randnotizen** stehen, die du dir während der Bearbeitung des Buchs zu wichtigen Stellen gemacht hast. Allerdings dürfen keine Haftnotizzettel oder andere Hilfsmittel, z. B. Büroklammern oder Klebestreifen, enthalten sein.
Zusätzlich darfst du während der gesamten Prüfungszeit ein **Rechtschreibwörterbuch** benutzen.

In den Aufgaben zur Lektüre wird Folgendes von dir erwartet:

- Du sollst beweisen, dass du das Buch gründlich gelesen und den Inhalt verstanden hast.
- Du musst die Ereignisse der Handlung, die Gedanken und Sorgen der Figur(en) des Romans gut kennen, beschreiben, aber auch deuten können.
- Du musst dich im Buch gut auskennen, um z. B. möglichst schnell Behauptungen mit Textstellen aus der Lektüre belegen zu können. Dazu brauchst du sinnvolle Randnotizen.
- Du musst die Merkmale der möglichen Textsorten, z. B. Brief, Tagebucheintrag, innerer Monolog, Gespräch/Dialog, kennen und entsprechend den Anforderungen der Aufgabenstellung inhaltlich füllen können.
- Du musst dabei auf die Angabe zur Mindestwortzahl achten und darfst keinesfalls weniger schreiben als verlangt.
- Auch eine angemessen schöne Schrift, die Rechtschreibung und eine ordentliche Darstellung sind Teil der Bewertung.

Merkmale möglicher Textsorten im Überblick

Dialog/Gespräch

Ein **Dialog** ist ein Gespräch zwischen zwei oder mehreren Personen. In der Prüfung soll meist ein Gespräch, das in der Lektüre nicht stattgefunden hat, aber denkbar wäre, geschrieben werden. Auf diese Weise soll eine sogenannte Leerstelle in der Lektüre gefüllt werden.

Äußere Merkmale: wörtliche Rede; Namen der Figuren am Zeilenanfang; Angaben zur Sprechweise werden in Form von *Regieanweisungen* eingefügt, z. B.:

BEATE *(lächelnd)*: Schön, euch beide kennenzulernen!
ALMA: Freut uns auch! Cool, dass jetzt noch ein Mädel zu unserer Truppe gehört.

Sprache: wörtliche Rede in Dialogform; zu den Figuren passende Wortwahl und Ausdrucksweise; typische, in der Lektüre gemachte Aussagen oder sprachliche Eigenheiten; Regieanweisungen zur Verdeutlichung der Handlungen/Gesten/Mimik der Figuren während des Gesprächs

Innerer Monolog

Der **innere Monolog** ist ein Selbstgespräch, das nur im Kopf der literarischen Figur abläuft. Du musst dich in die Figur und in die Situation, in der sie sich gerade befindet, hineinversetzen. Es kommt nur das zur Sprache, was die Figur in dem genannten Moment denkt und fühlt.

Äußere Merkmale: eventuell Auslassungszeichen, Gedankenstriche; Fragen, die sich die Figur selbst oder anderen stellt

Sprache: Ich-Perspektive, Alltags-/Umgangssprache, Formulierungen und Aussagen der Figur aus der Lektüre

Tagebucheintrag

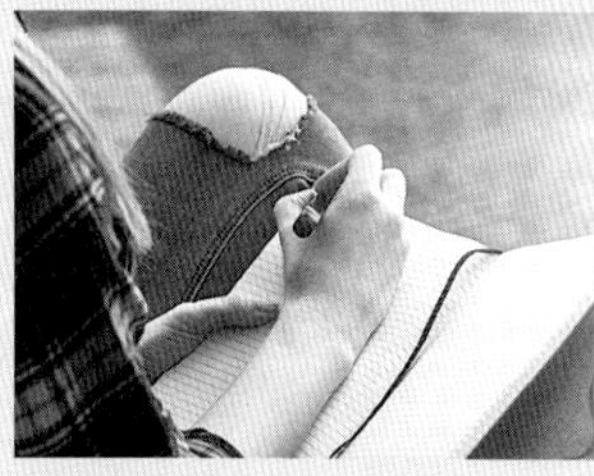

Einen **Tagebucheintrag** schreibt man dann, wenn einen ein Ereignis oder eine Situation so sehr beschäftigt, dass man seine wirren Gedanken loswerden oder ordnen will. Es findet eine Auseinandersetzung mit der Problematik/Situation, in der sich die Figur gerade befindet, statt. Deshalb kommen ehrliche Gedanken über Ereignisse oder über andere Figuren vor. Die schreibende Person wird versuchen, sich Fragen zu ihrer Situation selbst zu beantworten. Rückblenden auf Geschehnisse sind möglich. Die Figur kann Überlegungen zur Zukunft anstellen.

Äußere Merkmale/Aufbau: eventuell Anrede („Liebes Tagebuch") sowie Schlussworte („Dein/e …"); Datum (falls bekannt); kurze Hinführung/einleitende Worte, die die Problematik andeuten

Sprache: Ich-Perspektive, Alltags-/Umgangssprache, Formulierungen und Aussagen der Figur aus der Lektüre

Brief/E-Mail

Bei einem **Brief** handelt es sich um eine Art verschriftlichten Monolog. Der Schreiber oder die Schreiberin wendet sich an die Figur, an die das Schreiben gerichtet ist (Adressat*in), und möchte dieser etwas Wichtiges mitteilen. Worum es sich dabei handelt, gibt die jeweilige Aufgabenstellung vor.

Äußere Merkmale: Datum (falls bekannt), Anrede („Hallo …", „Liebe/r …", „Sehr geehrte/r …"), Text, Grußformel („Mit freundlichen/herzlichen Grüßen")

Sprache: Schriftsprache, geordnete Gedanken, roter Faden von der Einleitung über die Erläuterung des Themas/Schreibanlasses (Hauptteil) bis zum Schluss mit einem Lösungsvorschlag oder Ausblick in die Zukunft

F Aufgaben im Stil der Abschlussprüfung

Die **Aufgabenformate**, die in der Prüfung denkbar sind, können **unterschiedlich** aussehen und folgen keinem vorher bekannten Schema. Es können Aufgaben zu **konkreten Textstellen** oder zu **übergeordneten Themen** sein. Sie können am Anfang oder an jeder anderen Stelle im Buch angesiedelt sein.

Im Grunde bilden die Aufgaben aus Kapitel C bereits gut ab, wie unterschiedlich die Aufgaben in der Prüfung ausgestaltet sein können. Hast du diese gründlich bearbeitet und dich mit den Lösungsvorschlägen beschäftigt, bist du schon gut auf die Aufgabenformate im Stil der Abschlussprüfung vorbereitet.

Die folgenden Aufgaben-Sets sollen dir eine Idee davon vermitteln, wie die Prüfungsaufgaben zur Lektüre hinsichtlich Umfang und Anspruch bei deiner Art des Abschlusses aussehen könnten.

info

Die **Operatoren** (handlungsleitenden Verben), die in den Aufgabenstellungen vorkommen, sind wichtig! Setzt du sie **nicht richtig** um, kann dir die **Hälfte der Punkte abgezogen** werden.

Für die **Hauptschulabschlussprüfung** gilt außerdem: Bei allen Aufgaben – außer der produktiven Schreibaufgabe – darfst du die Lösungen **direkt auf die Prüfungsbögen** schreiben. ■

Hauptschulabschlussprüfung

0 Beende die folgenden Sätze passend zur Lektüre. (5 Punkte)

a Frieder darf in den Sommerferien nicht zusammen mit seiner Familie in den Urlaub fahren, weil

____.

b Johanns Vater hat von seinem Arbeitgeber einen Fahrer zur Verfügung gestellt bekommen, weil

____.

c Johann kommt früher aus seinem Urlaub am Gardasee zurück, weil ______________________

____.

d Nana spricht einige Zeit lang nicht mehr mit Frieder, weil ______________________

____.

e Johann verbringt einige Zeit in einer psychiatrischen Klinik, weil ______________________

____.

1 *„Als der Traktor zwischen den Gräbern weitertuckert, riecht es nach Diesel und nach Hydrauliköl, ein Geruch, der mich mit Gewalt in mein Elternhaus zurückversetzt. In mein Zimmer. In einen Sommertag, an dem alles schiefgelaufen war."* (S. 160)

Nenne zwei Dinge, die an diesem Sommertag schiefgelaufen sind. (2 Punkte)

1 ____

2 ____

122 Frieder liest Nanas Tagebücher.

Begründe, warum er dies tut, obwohl er ein schlechtes Gewissen deswegen hat. (2 Punkte)

123 Frieder verbringt den Sommer bei seinen Großeltern Nana und Walther. Sie sind vom Charakter her sehr unterschiedlich.

Ordne die folgenden Eigenschaften Nana oder dem Großvater zu. (4 Punkte)

liebevoll • verachtet Gefühle • hart zu sich selbst • künstlerisch begabt • hasst Schwäche • kann gut kochen und backen • fürsorglich • prüft andere ständig

Nana	Großvater

124 Nach dem Tod von Johanns Vater benimmt sich Johann immer wieder sehr seltsam.

Nenne vier Beispiele dafür. (4 Punkte)

1. Beispiel:

2. Beispiel:

3. Beispiel:

4. Beispiel:

„Er hat mich eingeladen, nach Brasilien zu kommen. Er bezahlt den Flug und alles.“ (S. 306)

Beate wurde von ihrem Vater für sechs Wochen nach Brasilien eingeladen. Vorstellbar wäre, dass sie direkt nach ihrer Ankunft in Brasilien Frieder noch vom Flughafen aus eine erste Postkarte schreibt.

Darin könnte sie schreiben, ...

- warum sie Zeit hat, vom Flughafen aus eine Postkarte zu schreiben,
- wie sie sich gerade fühlt,
- was sie über ihre gemeinsamen „ersten Male“ mit Frieder denkt,
- worauf sich Beate nach ihrer Rückkehr freut.

Verfasse den **Text dieser Postkarte**. Gehe auf alle Punkte ein.
Verwende den Inhalt der Lektüre. Schreibe mindestens 80 Wörter. (8 Punkte)

Werkrealschulabschlussprüfung

„Du hättest eher kommen sollen. Wieder einmal.“ (S. 277)

Nenne die beiden Situationen, auf die sich die Aussage des Großvaters bezieht. (2 Punkte)

„In diesem Sommer wollte ich es bis zum Sprung vom Zehner schaffen.“ (S. 12)

Skizziere, wie Frieder seinem Ziel immer näher kommt und ob er es erreicht. (4 Punkte)

„Wenn es tatsächlich einer von uns vieren nach Rio de Janeiro schaffen sollte, dann war das Johann.“ (S. 5)

Lege dar, was es mit Rio de Janeiro bzw. Brasilien im Roman auf sich hat. Gehe auch darauf ein, wer es am Ende tatsächlich nach Brasilien geschafft hat und was der Zweck dieser Reise war. (4 Punkte)

„Der Geruch nach Hydrauliköl ist für mich bis heute auch mit Beate verbunden.“ (S. 160)

Erkläre, warum der Geruch nach Hydrauliköl für Frieder mit Beate verbunden ist. (2 Punkte)

Am Anfang einiger Kapitel gibt es einen *kursiv*, also schräg, geschriebenen Text. **Erkläre**, wer hier zu welchem Zeitpunkt spricht und woran man das erkennt. **Belege** deine Aussage mit mindestens einem Textbeispiel. (3 Punkte)

„‚Wollen wir morgen Nacht am Freibad über den Zaun klettern? Wir treffen uns um eins am Tor.‘ [...] ‚Morgen? Ich gucke mal, ob ich es auch aus dem Fenster schaffe. Wenn mein Großvater mich erwischt, wie ich nachts aus dem Haus schleiche, bin ich tot. Toter als tot. Doppeltot.‘
Ich wollte mir das nicht mal vorstellen. Aber vor meinem Fenster war ein Rankgitter an der Wand und unglaublich viel Efeu. Vielleicht ging das. Schwieriger war ja immer, wieder reinzukommen. Ich dachte nach.“ (S. 92/93)

Frieder macht sich Gedanken über den geplanten nächtlichen Ausflug ins Schwimmbad und darüber, wie er sich nachts aus dem Haus schleichen kann und wieder unauffällig hineinkommt. Wie könnten diese Gedanken lauten?

Schreibe Frieders **inneren Monolog** (mindestens 150 Wörter). (10 Punkte)

Realschulabschlussprüfung

132 *„Vielleicht ist es nicht Trauer allein, sondern vor allem eine Sehnsucht nach diesem Sommer – nach diesem unwiederbringlichen, zitternd schönen Zauber der ersten Male.“* (S. 11)

Nenne vier dieser „ersten Male“, die Frieder in diesem Sommer erlebt. (2 Punkte)

133 Der Friedhof spielt im Roman eine besondere Rolle.

Erkläre, wie diese aussieht. (2 Punkte)

134 **Vergleiche** die beiden Geschwister Alma und Frieder miteinander. Beziehe dich dabei auf mindestens zwei verschiedene Eigenschaften. (2 Punkte)

135 „Als ich in mein Zimmer kam, wartete Nana dort auf mich. Sie stand mitten im Zimmer, mit hochrotem Kopf. Ich konnte ihren Gesichtsausdruck nicht deuten.“ (S. 159)

Nana hat entdeckt, dass Frieder ihr Tagebuch gelesen hat und will ihn nun damit konfrontieren. Formuliere vier passende Gedanken Nanas in dieser Situation. (4 Punkte)

136 „Johann wollte etwas erwidern, aber in dem Moment kamen Alma und Beate. Zusammen. Anscheinend hatten sie sich vor dem Tor getroffen. […]
‚Du hast für Beate Lebkuchen geklaut?‘, fragte Alma statt einer Begrüßung.“ (S. 143)

Nach dem nächtlichen Schwimmbadbesuch verabreden sich die vier Jugendlichen Frieder, Johann, Alma und Beate auf dem Kastell. Alma und Beate treffen sich zufällig vor dem Tor und nutzen das gemeinsame Stück des Weges, um sich kurz zu unterhalten. Dabei sprechen sie auch darüber, wie Frieders erster Besuch bei Beate zu Hause abgelaufen ist.

Verfasse dieses kurze **Gespräch** zwischen Alma und Beate (mindestens 200 Wörter). (15 Punkte)